Raw Soul Food

Vegane Rohkost macht glücklich

Rohkost spielt eine zentrale Rolle in unserer veganen Ernährungs- und Lebensweise. Unser Buch soll eine Inspiration sein und einen Einblick in die fantastische Welt der veganen Rohkost bieten, wir wollen unser Wissen und unsere Rezeptideen mit euch teilen. Wir hoffen, euren Geschmack getroffen zu haben, und freuen uns, wenn ihr von euren Erfahrungen erzählen würdet:
www.facebook.de/rawsoulfood   #rawsoulfood

An dieser Stelle bedanken wir uns auch bei all den lieben Menschen, die uns und unsere Rohkostkreationen gefördert haben.

Julia Lechner & Anton Teichmann

Raw Soul Food

Vegane Rohkost macht glücklich

74 Rezepte
von kinderleicht
bis gourmetköstlich

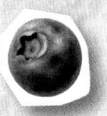

Vegane Rohkost und ihre Vorteile 6
Nahrungsmittel? Lebensmittel! 10
Nüsse, Samen und Sprossen 12
Küchengeräte und Equipment 16

Salate 18

Insalata mista 21
Papaya a la mexicana 22
ROHKOST EXTENDED: Öle und Fette 24
Raspberry Sommersalat 27
Rustikaler Bauernsalat 28
ROHKOST EXTENDED: Salz 30

Rohkost to go 32

Broht 35
Himbeerkonfitüre 36
Feigenmarmelade &
Aprikosengelee 36
Schokocreme 37
Fladenbroht 39
Frischkäse 40
Nachos 43
Salsa 44
Sweet Chili-Dip 44
Pasta & Pesto all'arrabbiata 47
Basilikum-Rucola-
Spinachi-Pesto 48
Pesto alla siciliana 49
ROHKOST EXTENDED: Eiweiß 50

Hauptgerichte 52

Soupe aux tomates 54
Green Harmony 56
Tagliatelle alla carbonara 59
Rawioli-Ecken
mit Steinpilzfüllung 60
Spitzpaprika
mit Walnusscrunch 63
Thai-Frühlingsrollen mit
Horenso Gomaae 65
Bananencurry süß-sauer 67
Sushi-Maki 68
Chili 70
Falafel mit Gurken-Dill-Salat 73
Filled Tomatoes 75
Crespellini con spinaci 76
Quiche aux legumes 78
Ratatouille 81
Cheesy Champignons pikant 83
Buchweizenknödel
mit Schwammerlsoße 84
ROHKOST EXTENDED: Sport 86

Fruit Love 88

Good Morning Banana 91
Fruit Quiche 92
Berry-Dream-Creme 95
ToMango 96
Vitamin Skycrusher 99
Bananaloni 100
Erdbeer-Chili-Gazpacho 103

Torten, Kuchen und Pralinen 104

Coconut-Kiss-Tartes 106
Paradise Cake 110
Tirawmisu 113

ROHKOST EXTENDED:
Kokosnuss knacken 114
Black Ninja 117
Green Samurai 118
Chai Warrior 119
Kokos-Maca-Herzen 120
Nougatkonfekt 120
Rohgurette 123
Fruit-Choc-Rolls 124

Desserts 126

Panna-Coco-Creme 128
Mousse au chocolat mit
Birnen an Mangosoße 131
Holy Fruit Bowl 132
Chiamilchreis
mit Heidelbeerfüllung 135
Softeis 136

Smoothies, Shakes und Cocktails 138

Atlantis 141
Grüne Fee 141
ROHKOST EXTENDED: Grüne Smoothies 142
Wiesentraum 145
Energizer 145
Green Power 145
ROHKOST EXTENDED: Superfoods 146
Mango Lemon Booster 148
Strawberry Açai Refresher 148
Goji-Shake Quell der Jugend 151
Pineapple Hero 151
Raw Caipi 152
Tropical Melon 152
Vital Orange 155
Piña Colada 155

Bezugsquellen / Zum Weiterlesen 156
Schnell gefunden 157

Vegane Rohkost und ihre Vorteile

Zu Beginn wollen wir ein paar grundsätzliche Fragen klären: Warum Rohkost? Warum vegan?

Kochen – der Nährstoffkiller

Es gibt verschiedene Ansätze, die rohköstliche Ernährung zu erklären. Am besten ist jedoch, es selbst auszuprobieren und die Wirkung am eigenen Leib zu spüren. Zunächst aber einmal folgende Überlegung: Man stelle sich vor, man hält seinen Finger für zehn Minuten in kochendes Wasser. Jeder weiß: Das ist keine gute Idee. Die Haut wird Verbrennungen erleiden und Zellen werden absterben oder langfristig geschädigt sein. Wieso werden dann Nahrungsmittel bei diesen Temperaturen gekocht? Kochen hat auf unsere Lebensmittel dieselben Auswirkungen wie auf unseren Finger. Neben der Veränderung der Zellstruktur werden durch thermische Einwirkung auch wertvolle Vitamine, Salze in Form von Mineralstoffen und Spurenelementen sowie lebenswichtige Enzyme zerstört oder herausgelöst. Spinat beispielsweise verliert durch Kochen sichtbar an Fülle und Nährstoffen. Enzyme werden schon bei Temperaturen über 42° C geschädigt und zerstört.

Rohkost ist lebendige Kost

Die Vorteile lebendiger, roher Lebensmittel liegen also auf der Hand. Das sind etwa die maximale Verfügbarkeit von frischen Vitaminen, Mineralstoffen, Spurenelementen, Ballaststoffen, aktiven Antioxidantien, lebendigen Enzymen und anderen wichtigen sekundären Pflanzenstoffen. Um ständig neue, gesunde Zellen zu produzieren und bestehende Zellen vor freien Radikalen und schädigenden Einflüssen optimal zu schützen, benötigen wir die oben genannten Nähr-, Vital- und Schutzstoffe in höchster Qualität. Das ist Rohkost. Rohkost heißt lebendige Kost, die uns jung erhält. Rohkost heißt Gesundheit, Energie und sogar mentale Klarheit.

Ungeahnte Speisenvielfalt

Wir müssen uns für einen Moment von dem Gedanken lösen, Kochen stelle für Speisen die einzig wahre Zubereitungsmöglichkeit dar. Die Rohkost eröffnet uns ein völlig neues

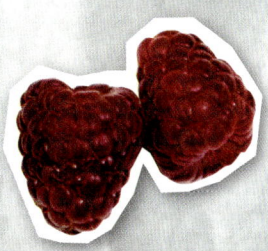

Mit veganer Ernährung können wir nicht nur unserer Gesundheit und der Natur etwas Gutes tun. In erster Linie profitieren fühlende Lebewesen.

Spektrum an Lebensmitteln. In einigen unserer Rezepte kombinieren wir neue, wenig bekannte Nahrungsmittel zu überraschenden Kompositionen. Wenn einem mal die Suppe zu kalt erscheint, oder man im Winter etwas Warmes essen will, kann man seine Speisen in einem Dehydrator oder einem Topf mit Thermometer auf 42° C erwärmen, dann ist die Mahlzeit gerade mundwarm. Denn dass Rohkost immer kalt sein muss, ist bloß ein Gerücht. Aber auch sonst ist alles möglich: von knackigen Salaten über tolle Desserts bis hin zu unglaublichen Torten. Rohkost ist aber noch viel mehr als das. Rohkost macht Spaß, es ist eine gänzlich neue Art, Essen zu genießen, Dinge zu schmecken, die man noch nie zuvor gekostet hat. Purer Genuss, das ist Rohkost.

Die heilende Kraft der Rohkost

In den USA ist es längst zum Lifestyle geworden, der nicht nur bei Hollywood-Stars im Trend liegt, sondern sich auch im Gesundheitsbereich immer mehr herumspricht. Denn Rohkost kann auch Heilmittel sein. Viele haben dank der Rohkost Zivilisationskrankheiten wie Diabetes, multiple Sklerose, Allergien und sogar Krebs erfolgreich geheilt. „Du bist, was du isst", lautet ein modernes Sprichwort, und in der Tat passt dieser Satz heute mehr denn je in unsere Gesellschaft. Der Leitsatz des Urvaters der Medizin und berühmtesten Arztes des Altertums Hippokrates ging so: „Die wirksamste Medizin ist die natürliche Heilkraft, die im Inneren eines jeden von uns liegt (...) Unsere Nahrungsmittel sollten Heil-, unsere Heilmittel Nahrungsmittel sein."

Vegan – leben und leben lassen

Rohkost stärkt unseren Geist und weckt unsere Sinne. Wir bekommen das Gefühl, ganz befreit zu atmen. Wir sparen Energie und helfen unserer Umwelt. Vegane Rohkost ist die klimafreundlichste Ernährungsform, die es heute gibt. Auch unserem Gewissen tun wir damit etwas Gutes – wir verzichten auf die Ausbeutung von Tieren. Und schon klärt sich die zweite Frage: Warum vegan? Leben beruht auf Lebendigkeit, Verfall und Krankheit auf degenerierter Nahrung und Tod. Das ist einer der Gründe, warum wir in diesem Buch auf vegane Kost Wert legen. Nicht nur, dass ein Stück Fleisch alles andere als lebendig ist, tierische Proteine verursachen im Zusammenspiel mit den im Fleisch enthaltenen Wachstumshormonen in unserem Körper eine Menge von Problemen und übersäuern ihn zudem. Der Cholesterinspiegel steigt und die Blutwerte verschlechtern sich.

Eine neue Art der Zubereitung

Rohkost in den eigenen Speiseplan zu integrieren ist unglaublich einfach. Wir belassen die Nahrungsmittel einfach in ihrer ursprünglichsten Form und verarbeiten sie so wenig und so schonend wie möglich. Dennoch ist Rohkost eine neue Art der Zubereitung, die ähnlich wie das Kochen erst erlernt werden muss. In diesem Buch geben wir Tipps, Rezepte und Ideen, wie sich die Umstellung meistern lässt. Und dabei geht es nicht darum, ab heute gar nicht mehr zu kochen. Schon der ein oder andere rohköstliche Tag kann wahre Wunder wirken. Dies ist eine spannende Reise, auf der jeder zu einer neuen Art Gesundheit finden kann. Man muss es selbst erleben: Rohkost ist vor allem eine Entdeckungsreise, ein Abenteuer voller Genuss, Vitalität und Wohlbefinden.

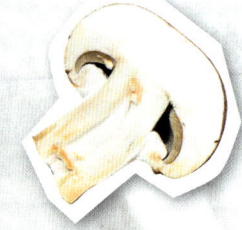

Rohkost ist vor allem nach dem Sport und für unterwegs eine tolle To-go-Mahlzeit.

Nahrungsmittel? Lebensmittel!

Es gibt einen wichtigen Unterschied zwischen Nahrungs- und Lebensmitteln. Nahrungsmittel stillen den Hunger. Lebensmittel dienen uns dagegen, uns lebendig zu erhalten. Während Nahrungsmittel reine Energielieferanten sind, haben Lebensmittel zusätzliche positive Eigenschaften, die uns ganzheitlich heilen und uns zufriedener machen können.

Vitalität durch lebendige Nahrung

Lebendige Nahrung ist dafür verantwortlich, dass wir langfristig gesund, fit und vital sein können. Gesund zu sein bedeutet nicht nur, ohne Krankheiten zu leben, sondern auch ein starkes Immunsystem, einen klaren Geist, eine gute Körperhaltung, eine tolle Ausstrahlung und viel, viel mehr zu besitzen. Wir wollen das Bestmögliche aus uns herausholen, und dafür brauchen wir lebendige Nahrung. Aus all den Lebensmittelskandalen in jüngerer Zeit lässt sich eine wichtige Lehre ziehen: Es gibt Nahrungsmittel auf dem Markt, die uns nachweislich schaden. Sie sind dafür verantwortlich, dass wir krank werden oder schwach und müde sind. Darum sollten wir uns die Frage stellen, wie wir Nahrung gezielt dazu nutzen können, dass sie unserer Gesundheit dient und unsere Kräfte stärkt, statt sie zu schwächen.

Sekundäre Pflanzenstoffe bieten Schutz

Ein Bestandteil rohköstlicher Nahrung, der unsere Gesundheit stärkt, sind die sogenannten sekundären Pflanzenstoffe. Sie bewahren die Pflanze vor schädlichen Einflüssen. So haben die Farbstoffe, die das Rot der Himbeere oder das Orange der Karotte bewirken, eine zellschützende Funktion. Sie fangen die schädliche UV-Strahlung ab und binden freie Radikale, und im Fall der Karotte schützen sie sogar vor Schädlingsbefall. Eben diese Schutzfunktionen können wir uns zunutze machen, denn mit den sekundären Pflanzenstoffen lassen sich auch unsere Zellen vor freien Radikalen und Zellalterung bewahren. Auf diese Weise können wir zum Beispiel der Bildung bestimmter Zivilisationskrankheiten wie Stoffwechsel- oder Herz-Kreislauf-Erkrankungen vorbeugen, unsere Haut schützen und unser eigenes Abwehrsystem stärken. Frisches rohes Obst und Gemüse enthält sehr viele sekundäre Pflanzenstoffe, deshalb sollte es täglich auf unserem Speiseplan stehen.

Die Rohkostapotheke: Polyphenole, Carotinoide & Co.

Polyphenole kommen in Pflanzen als Farbstoffe (Flavonoide), Gerbstoffe (Tannine) und Geschmacksstoffe vor. Als Teilgruppe der sekundären Pflanzenstoffe schützen sie nachweislich vor Herz-Kreislauf-Erkrankungen. Daneben haben sie noch viele weitere positive Eigenschaften, etwa die Durchblutungsförderung oder die Stoffwechselregulation. Auch diese Stoffe finden wir in frischem Obst und Gemüse, aber auch in Wildkräutern. Als nächste Stoffgruppe sind die Carotinoide zu nennen. Es handelt sich dabei um Farbstoffe, die in gelbem bis rotem Obst und Gemüse vorkommen, besonders in reifen Bananen, Pfirsichen, Karotten und Paprika. Kurz gesagt sind diese Pflanzenstoffe Antioxidantien, die auf Radikalbildungen beruhende Erkrankungen verhindern und unser Altern verlangsamen. Genau wie die anderen sekundären Pflanzenstoffe sollten auch sie nicht als Ergänzungspräparat, sondern in natürlicher Form durch Obst und Gemüse aufgenommen werden. Dadurch erhält man ihre wichtigen Begleitnährstoffe und kann sie überhaupt erst im Stoffwechsel verarbeiten. Nicht zuletzt hat auch der grüne Pflanzenfarbstoff Chlorophyll bestimmte Eigenschaften, die unserer Gesundheit dienlich sind.

Qualität bedeutet Vitalität

Entscheidend ist aber nicht die Quantität, sondern die Qualität. Empfehlenswert sind Lebensmittel, die ein hohes Maß an Lebendigkeit und Vitalität besitzen. Deshalb sind Herkunft und Verarbeitung sehr wichtig.
Lebensmittel von guter Qualität stammen aus biologisch-dynamischem Anbau. Das Biosiegel ist kein Garant für gute Produkte, weist aber darauf hin, dass bei der Herstellung mehr Wert auf Bodenqualität, Pflanzenwachstum und Ernte gelegt wird als bei konventionellen Produkten. Es ist ein wahres Geschenk, sonnenreife Früchte zu genießen. Sie stecken randvoll von der Energie der Sonne und werden so zu einem wahren Lebensmittel. Bio vereint viele Vorteile in sich. Wir setzen damit ein Zeichen und verändern mit unserer bewussten Entscheidung für Bio den Markt. So können wir Bio zum neuen Standard machen. Außerdem sind Lebensmittel umso lebendiger, je weniger sie verarbeitet sind. Alles was abgepackt oder haltbar gemacht werden muss, kann nur noch Nahrungsmittel, nicht mehr Lebensmittel sein. Auch hocherhitzte Nahrung und Produkte, die mit Farbstoffen oder Geschmacksverstärkern versetzt wurden, kann man nicht mehr als Lebensmittel bezeichnen.

Nüsse, Samen und Sprossen

Die Beliebtheit von Nüssen und Samen in der Rohkost ist nicht nur dem aromatischen Geschmack oder ihrem Gehalt an Nährstoffen geschuldet. Nüsse sind sehr proteinreich und besitzen einen hohen Fettanteil. Dadurch sind sie ein gutes Bindemittel und können zum Eindicken und zum Erreichen einer cremigen Konsistenz verwendet werden. Ihre Aromen sind ideal für die Zubereitung leckerer Torten und Kuchen. Auch für herzhafte Speisen kann man ihren Geschmack und ihre anderen Eigenschaften nutzen. Manche Nüsse erinnern in Verbindung mit Gewürzen geschmacklich sogar an Käse- und Milchprodukte. Lein- und Chiasamen wiederum haben die besondere Fähigkeit, Wasser zu binden. Dadurch eignen sie sich perfekt zum Gelieren und Eindicken.

Warum Einweichen?

Bevor wir Nüsse oder Samen verwenden können, müssen wir sie meist in Wasser einweichen. Das hat zwei Gründe. Zum einen erhalten sie dadurch die richtige Konsistenz und sind leichter zu verarbeiten. Zum anderen erhöht das Einweichen den Nährstoffgehalt, wäscht störende Inhaltsstoffe heraus und erleichtert die Verdauung. Zur Erklärung: Nüsse und Samen schützen sich vor Fraßfeinden mit natürlichen Fraßschutzmitteln. Das macht sie für uns schwerer verdaulich und kann sogar die Aufnahme von Nährstoffen in unserem Körper blockieren. Durch das Einweichen werden diese Fraßschutzmittel reduziert oder neutralisiert. Besonders bei allergenen Nüssen, wie Hasel- oder Erdnüssen, ist das Einweichen sehr wichtig. Im eingeweichten Zustand bereitet sich der Samen (egal ob Nuss oder Saat) zum Keimen vor. Dabei gibt er alle seine Nährstoffe frei und aktiviert wichtige Enzyme, die unsere Verdauung unterstützen. Deshalb schmecken eingeweichte Nüsse auch aromatischer als getrocknete. Bei manchen Nüssen, etwa Pinienkernen oder Zedernnüssen, ist kein Einweichen erforderlich. Manche Samen wiederum weichen wir bewusst nicht ein, weil sie dadurch ihre Eigenschaften verlieren. Leinsamen zum Beispiel haben keine Bindekraft mehr, wenn sie schon mit Wasser vollgesaugt sind.

Wie gelingt's?

Zum Einweichen nehmen wir bezogen auf unsere Trockenmasse mindestens die doppelte Menge Wasser. Bei längeren Einweichzeiten empfiehlt es sich, das Wasser ein- oder zweimal zu wechseln. Aus zeitlichen Gründen oder beim Einweichen über Nacht ist das aber oft nicht möglich, dann einfach die Wassermenge erhöhen, damit genügend Flüssigkeit vorhanden ist, um die Fraßschutzmittel aus den Samen aufzunehmen. Bei empfindlichen Samen geben wir dem Einweichwasser etwas Zitronensaft hinzu. Das verhindert die Schimmelbildung. Die nachstehende Tabelle zeigt alle wichtigen Infos für Nüsse und Samen.

Nuss, Samen	Einweichzeit in Stunden	Info
Buchweizen, geschält	2	Kann auch trocken verwendet werden.
Cashewkerne	2,5–3,5	Können auch trocken verwendet werden.
Chiasamen	0,5–24	Je nach Rezept und gewünschter Konsistenz. Werden zum Gelieren und Eindicken genutzt.
Erdmandeln	6–8	Können auch trocken verwendet werden.
Flohsamenschalen	0,5	Je nach Rezept und gewünschter Konsistenz. Werden zum Gelieren und Eindicken genutzt.
Hanfsamen, geschält	–	Werden ausschließlich trocken verwendet.
Haselnüsse	8–10	
Kürbiskerne, geschält	0,5	Können auch trocken verwendet werden.
Leinsamen	–	Werden trocken und geschrotet zum Binden, Eindicken und Gelieren verwendet.
Macadamianüsse	2,5–3,5	Können auch trocken verwendet werden.
Mandeln	6–8	
Paranüsse	2,5–3,5	Nehmen schlecht Wasser auf. Können auch trocken verwendet werden.
Pekannüsse	4–6	
Pinienkerne	–	Werden trocken verwendet. Verlieren beim Einweichen ihren Geschmack.
Pistazienkerne	–	Werden trocken verwendet. Verlieren beim Einweichen ihren Geschmack.
Sesam, geschält	0,5	Kann auch trocken verwendet werden.
Sesam, ungeschält	6–8	Kann auch trocken verwendet werden.
Sonnenblumenkerne, geschält	0,5	Können auch trocken verwendet werden.
Walnüsse	6–8	
Zedernnüsse	–	Werden trocken verwendet. Verlieren beim Einweichen ihren Geschmack.

Keimlinge und Sprossen selbst gezogen

Um Keimlinge und Sprossen selbst zu ziehen, benötigen wir Keimgläser. Zuerst weichen wir die Samen im Gewichtsverhältnis eins zu zwei mit Wasser ein. Am Ende der Einweichzeit gießen wir das Wasser ab und lassen das Restwasser abtropfen. Die Keimgläser funktionieren nun wie kleine Gewächshäuser, in denen die Saaten zu sprießen beginnen.

Zwei- oder dreimal am Tag wird das Saatgut gegen Schimmelbildung mit Wasser gespült. Nach einiger Zeit beginnen die Samen zu keimen und Sprossen zu bilden. Die folgende Übersicht liefert alle wichtigen Informationen zum Ankeimen und Ziehen von Sprossen. Sie enthält die wichtigsten Saaten, die in der Rohkost Verwendung finden.

Samen	Einweichzeit in Stunden	Sprießzeit in Tagen	Info
Alfalfa	8–12	3–5	
Amaranth	5–7	2–3	Zum Einweichwasser ½ TL Zitronensaft hinzufügen.
Broccoli	8–12	3–6	
Buchweizen, ungeschält	4–6	2	
Hanfsamen, ungeschält	6–8	3–5	
Klee	4–6	4–5	
Kürbiskerne, ungeschält	6–8	1	
Quinoa	2–4	1–2	Zum Einweichwasser ½ TL Zitronensaft hinzufügen.
Radieschen	8	2–4	
Sesam, ungeschält	6–8	2–3	Zum Einweichwasser ½ TL Zitronensaft hinzufügen.
Sonnenblumenkerne, ungeschält	2–4	2–3	
Wilder Reis	9–12	3–5	Zum Einweichwasser ½ TL Zitronensaft hinzufügen.

Küchengeräte und Equipment

Für die Zubereitung von Gerichten und die Verarbeitung von Lebensmitteln in der veganen Rohkostküche sind verschiedene Küchengeräte vonnöten. Das wichtigste darunter ist ein leistungsstarker Mixer. Auch eine Küchenmaschine und ein guter Gemüsehobel sind unverzichtbar. Wer Gedörrtes mag, sollte auch ein Dörrgerät besitzen. Für den Einstieg ist es aber nicht zwingend erforderlich. Wenn man nicht auf frisch gepresste Säfte verzichten möchte, braucht man einen Entsafter. Im Folgenden erklären wir kurz, was man zu den einzelnen Geräten wissen sollte, und machen konkrete Empfehlungen.

Mix it: Mixer

Das Gerät, das in der veganen Rohkostküche am häufigsten zum Einsatz kommt, ist der Mixer. Um problemlos damit arbeiten zu können und nicht nach einem halben Jahr einen neuen kaufen zu müssen, sollte er neben einer Grundleistung von zumindest 1000 W eine maximale Umdrehungszahl von mindestens 10 000 Umdrehungen pro Minute haben. Ein ordentlicher, zum Einsatz während des Mixvorgangs geeigneter Stopfer ist Gold wert und erleichtert die Arbeit enorm. Das Plastik des Mixbehälters sollte frei von Bisphenol A (BPA) sein. BPA ist eine giftige Chemikalie, die in vielen Kunststoffen enthalten ist. Die Investition in ein hochwertiges Modell zahlt sich aus. Wir verwenden den Vitamix. Dieser Profimixer ist von Kopf bis Fuß durchdacht und liefert hervorragende Ergebnisse.

Der Alleskönner: Küchenmaschine

Eine Küchenmaschine oder ein Zerkleinerer sind sehr hilfreich beim Verarbeiten von Gemüse, Trockenfrüchten, Nüssen und Samen. Wir benötigen diesen Küchenhelfer überwiegend zum Zerkleinern von Nüssen und Samen. Das Gerät sollte mindestens eine Leistung von 500 W besitzen. Darüber hinaus sollte der Einfüllbehälter nicht zu groß sein. Aus Erfahrung wissen wir, dass Geräte mit weniger Arbeitsvolumen bessere Ergebnisse liefern. Wir verwenden die gute alte Moulinex, die der ein oder andere vielleicht noch von früher kennt. Leider kann man das Original aus den 1980er-Jahren heute nicht mehr kaufen, es gibt allerdings vom selben Hersteller eine moderne Variante gleicher Bauart, mit der wir ebenfalls sehr zufrieden sind.

Nicht nur zum Trocknen: Dörrgerät

Trockenfrüchte, Frucht- oder Gemüseleder, Brote, Cracker oder Gemüse kann man mit einem Dörrgerät, auch Dehydrator genannt, zubereiten. Mittels eines Luftstroms trocknet das Gerät das Dörrgut in Rohkostqualität und erhält dadurch alle wichtigen Inhaltsstoffe der getrockneten Lebensmittel. Ein Dörrgerät eignet sich aber auch perfekt zum Erwärmen von Speisen oder zum Schmelzen von Kakaobutter oder Kokosöl und Kokosmus. Dazu empfiehlt es sich, ein Dörrgerät mit hoher Kastenbauweise zu wählen, in das sich Gläser oder Geschirr problemlos hineinstellen lassen. Wir verwenden den Excalibur Trockner. Das Gerät ist nicht nur praktisch, sondern erzielt auch richtig gute Ergebnisse und hält die Temperatur konstant. Einfach super!

Damit geht's leichter: V-Hobel

Für hauchdünne Zucchinischeiben, fein geraspelte Karotten oder grob gestiftetes Gemüse ist ein hochwertiger Hobel eine echte Arbeitserleichterung. Wir empfehlen einen V-Hobel mit verschiedenen Einsätzen zum Bearbeiten des Gemüses.

Ausgepresst: Entsafter

Bei dem Entsafter sollte man Wert auf eine Technik mit Schneckenpresswerk legen. Die Saftausbeute ist dadurch sehr hoch und die Nährstoffe werden besser aufgeschlossen. Frisch gepresste Säfte eignen sich super als Nährstofflieferant während des Fastens. Wir benutzen den Kuvings Silent Juicer. Durch seine hohe Bauform lässt sich das Gerät sehr gut verstauen. Zudem arbeitet es sehr leise und dennoch schnell, mit einer unglaublich guten Saftausbeute.

Pasta-Party: Spiralschneider

Für die Herstellung von Gemüsenudeln (zum Beispiel Zucchinispaghetti) benötigt man einen kleinen Küchenhelfer, den es in verschiedenen Ausführungen gibt. Bei den größeren, stationären Geräten kann man das Gemüse einspannen und zu Nudeln unterschiedlicher Form drehen. Die kleineren Handgeräte funktionieren dagegen wie ein Spitzer. Mit ihnen hat man, was die Nudelform betrifft, nur begrenzte Gestaltungsmöglichkeiten, aber da sie handlicher sind, eignen sie sich hervorragend zum Mitnehmen.

Im Frühling und Sommer steigt der Salat von einer bloßen Beilage oft zur Hauptspeise auf. Unterschiedliche Salatsorten bilden die Basis, die dann mit Gemüse, Nüssen, Samen und Sprossen verfeinert wird. Abwechslungsreiche `Dressings` sind das Highlight der Kreation. Weiter aufwerten lässt sich der Salat mit Wild- und Küchenkräutern wie Petersilie, Basilikum, Rosmarin oder Zitronenmelisse. Frischer `Giersch` verleiht ihm eine interessante Note.

Auch Löwenzahnblüten oder Gänseblümchen schmecken, während Gemüse der Saison den Salat zu einer vollwertigen Mahlzeit macht. `Nüsse und Samen` wie Sonnenblumen-, Pinien- oder Kürbiskerne bereichern den Salat. Gerade im Sommer ist aber auch `Obst` wie Äpfel, Mangos, Ananas, Beeren oder Weintrauben eine prima Ergänzung. Doch beim Erfinden von Salaten sind der Kreativität natürlich keine Grenzen gesetzt.

Ein gelungenes `Dressing` besteht aus etwas Süßem, etwas Saurem und etwas Öl. Statt Essig nehmen wir oft frischen Zitronen- oder Orangensaft, die sind bekömmlicher und geben eine fruchtige Note. Mit Öl gehen wir sparsam um, empfehlenswert sind würzige `Kräuteröle`. Auch ganz fettfreie Fruchtdressings sind gerade im Sommer eine willkommene Erfrischung.

20 | SALATE

Insalata mista

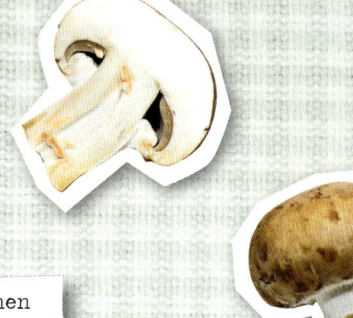

↳ für 2 Personen

ZUTATEN:

Salat:
70 g Radicchio
50 g Rucola
1 Kopf Mini-Romanasalat (ca. 180 g)
70 g Cocktailtomaten
4 Champignons (ca. 100 g)
1 mittelgroße Karotte (ca. 80 g)
10 Oliven, entkernt
10 Blätter frisches Basilikum
1 daumengroßes Stück Lauch
(ca. 10 g)

Dressing:
3 frische Tomaten (ca. 300 g)
3 getrocknete Tomaten (ca. 15 g)
2 TL Basilikumöl
2 TL Nama Tamari
1 TL Apfelessig
1 TL Zitronensaft
1 TL Apfeldicksaft
1 EL Wasser
1 TL Majoran, getrocknet
1 TL Basilikum, getrocknet

Getrocknete Tomaten 15–20 Minuten einweichen.

Salat in mundgerechte Stücke, Pilze und Lauch in dünne Scheiben schneiden. Karotte in feine Stifte hobeln, Oliven halbieren und Basilikumblätter in dünne Streifen schneiden.

Für das **Dressing** getrocknete Tomaten abtropfen lassen, dann zusammen mit den restlichen Zutaten im Mixer zu einem feinen Dressing mixen.

Salat mit dem Dressing anmachen, gut vermengen und anrichten.

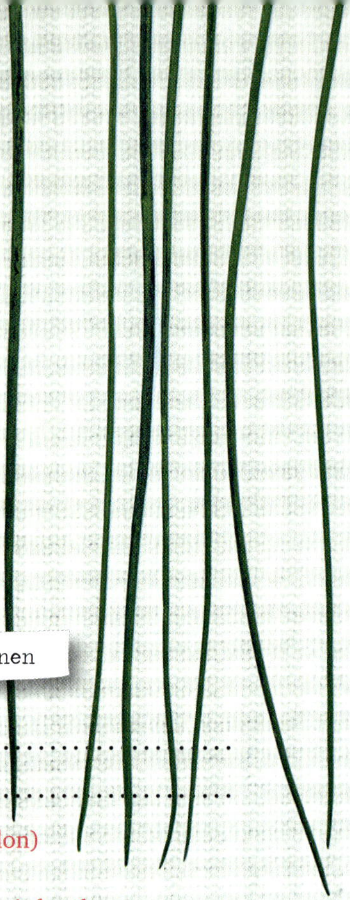

Papaya a la mexicana

↳ für 2 Personen

ZUTATEN:

6 Tomaten (ca. 600 g)
1 kg Papaya (ca. 1 Riesenpapaya
oder 3 kleine Papayas)
2 Avocado
1 TL Paprikapulver, edelsüß

1 Prise Zimt (Ceylon)
2 EL frischer,
geschnittener Schnittlauch
1 EL Nama Tamari

Papaya schälen, von den Kernen befreien und in Würfel schneiden. Das Fruchtfleisch der Avocados und die Tomaten ebenfalls würfeln und zusammen mit der Papaya in eine große Schüssel geben.

Schnittlauch klein schneiden und zusammen mit den restlichen Zutaten in die Schüssel geben – alles gut vermengen und anrichten.

Unser Tipp

Um das Schälen der Avocado zu erleichtern, diese der Länge nach in zwei Hälften teilen. Anschließend den Kern entfernen und die beiden Hälften nochmals halbieren – jetzt lassen sich die einzelnen Viertel mit der Hand schälen.

Öle und Fette

Fette sind wichtige Grundbausteine für unseren Organismus. Doch Fett ist nicht gleich Fett. Welches davon ist gesund und welches nicht? Am gesündesten sind jene Fette, die man in ihrer Ursprungsform über Saaten, Fettfrüchte oder Nüsse zu sich nimmt. Dort sind die Fettsäuren noch an Begleitnährstoffe sowie Ballast- und Faserstoffe gebunden, wodurch unser Körper sie besser verwerten kann als isoliert in Form von Konzentraten. Da wir in der Küche zur Zubereitung von Gerichten oder zur Veredelung von Salaten aber oft auf Konzentrate aus der Flasche zurückgreifen, ist die Wahl des richtigen Öls entscheidend.

Kleines Öl-ABC

Wichtig für die Qualität des Fetts sind Art und Menge der enthaltenen essenziellen Fettsäuren. Essenzielle Fettsäuren sind Fette, die unser Körper selbst nicht produzieren kann und deshalb mit der Nahrung aufnehmen muss. Dies sind die Omega-6-Fettsäure Linolsäure und die Omega-3-Fettsäure Alpha-Linolensäure. Beide Fettsäuren kommen in vielerlei pflanzlichen Quellen wie etwa Samen oder Nüssen vor.

Ein Kriterium für ein hochwertiges Öl ist ein hoher Gehalt an Omegafettsäuren. Noch viel wichtiger ist aber das Mischungsverhältnis der essenziellen Fettsäuren. Ein zu hoher Omega-6-Konsum ist gefährlich, da er Krankheiten begünstigen und zu Gesundheitsschäden führen kann. Omega 3 hingegen hat positive Wirkungen. Das ideale Verhältnis von Omega 6 zu Omega 3 ist 1:1. Die Weltgesundheitsorganisation (WHO) empfiehlt, höchstens 4-Mal so viel Omega-6- wie Omega-3-Fettsäuren zu sich zu nehmen.

Deshalb ist es wichtig, Öle zu verwenden, die einen hohen Omega-3-Anteil besitzen. Die nachstehende Tabelle listet Speiseöle auf, die diese Kriterien erfüllen. Wie man sieht, stellt Olivenöl das Schlusslicht dar. Dennoch ist es wegen seines Geschmacks sehr beliebt und unter den weniger guten Ölen immerhin noch das Beste. Leinöl ist eine Besonderheit, denn als einziges Öl hat es einen sehr hohen Gehalt an Omega 3, der den Omega-6-Gehalt zudem noch übersteigt. Ähnliche Eigenschaften hat das Chiaöl.

Öl	Omega 6	Omega 3	Verhältnis
Leinöl	15,1	61,5	1:4
Chiaöl	19,3	60	1:3
Rapsöl	20,4	9,3	2:1
Walnussöl	57,3	10,1	6:1
Olivenöl	8,6	0,8	11:1

Alle Angaben in g pro 100 g Lebensmittel, Verhältniszahlen gerundet

Kräuteröle selbst gemacht

Eine geschmackliche Bereicherung für jede Küche sind Kräuteröle. Sie bringen mit ihrem würzigen Geschmack Abwechslung auf den Teller, Bärlauch-, Basilikum- oder Peperoniöl kann man in jedem gut sortierten Bioladen kaufen.
Ein Kräuteröl lässt sich aber auch ganz einfach selbst herstellen. Dazu braucht man nur frische Kräuter und ein hochwertiges Öl. Die Kräuter werden im Öl eingelegt und ziehen dort für einige Wochen. Dabei geben sie ihre Aromastoffe an das Öl ab – und es entsteht ein aromatisches Speiseöl. Je mehr Kräuter man nimmt, desto intensiver schmeckt das Öl, und natürlich sind auch Kräutermischungen möglich.

Auf die Herstellung achten

Neben dem Mischungsverhältnis der essenziellen Fettsäuren und dem Omega-3-Gehalt ist auch das Herstellungsverfahren eines Öls für seine Qualität entscheidend. Ein hochwertiges Öl ist nicht raffiniert, sondern wird rein mechanisch gewonnen. Steigt die Temperatur während des Pressvorgangs nicht über 42° C, hat das Öl Rohkostqualität. Außerdem sollte es keine weiteren Verarbeitungsschritte wie etwa Filterungsprozesse, Desodorationsverfahren (zum Entfernen von Gerüchen) oder thermische Behandlungen zur Konservierung durchlaufen. Allgemeine Deklarationen für die höhere Qualität eines Öls sind die Bezeichnungen „Nativ" oder „Virgin" und „Nativ extra" oder „Virgin extra". „Nativ" oder „Virgin" geben an, dass das Speiseöl in mechanischen Verfahren kalt gepresst oder durch Kaltextraktion gewonnen wurde und auch die Rohware, aus der das Öl hervorgegangen ist, keiner thermischen Behandlung unterzogen wurde. „Nativ extra" oder „Virgin extra" bedeutet, dass das Öl außerdem aus der Erstpressung stammt.

Bärlauch Öl

Zutaten:

1 Bund frischer Bärlauch
1 l Olivenöl (Nativ Extra)
1 Einmachglas

Nach Wunsch: Für ein fruchtiges Öl etwas Zitronenschale (Schale von ca. ½ Zitrone) hinzugeben oder eine Peperoni, wenn es ein scharfes Öl werden soll.

Bärlauch in das Einmachglas geben, Zitronenschalen oder Peperoni zugeben, das Öl einfüllen, das Glas verschließen und bei Raumtemperatur ca. 2 Wochen ziehen lassen. Anschließend das Öl durchsieben und in eine Flasche umfüllen. Robustere Kräuter wie zum Beispiel Rosmarin können auch im Öl verbleiben. In einer schönen Ölflasche ist ein Rosmarinzweig ein dekorativer Hingucker.

Raspberry Sommersalat

↳ für 2 Portionen

ZUTATEN:

Salat:
100 g Feldsalat
1 Chicoree (ca. 100 g)
125 g Himbeeren,
tiefgefroren oder frisch
125 g Cocktailtomaten
125 g Champignons
25 g Rhabarber oder Stangensellerie
2 getrocknete Feigen
150 g Ananas
10 Blätter frisches Basilikum

Dressing:
125 g Himbeeren,
tiefgefroren oder frisch
25 g Rhabarber oder Stangensellerie
2 getrocknete Feigen
5 Blätter frisches Basilikum
1 TL Nama Tamari

Feldsalat waschen, die Wurzeln entfernen und die Blätter in eine Schüssel geben. Chicorée, Rhabarber (oder Stangensellerie) in dünne Scheiben schneiden, Champignons, Ananas und Feigen würfeln, Cocktailtomaten vierteln, alles zusammen zum Feldsalat geben. Basilikumblätter übereinanderlegen, einrollen, in größere Streifen schneiden und ebenfalls zum Salat geben.

Alle Zutaten für das **Dressing** im Mixer bei hoher Geschwindigkeit zu einer feinen Creme verarbeiten.

Salat gut vermengen und nach Geschmack mit dem Dressing anrichten.

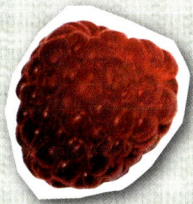

Rustikaler Bauernsalat

↳ für 2 Personen

ZUTATEN:

Salat:
70 g Feldsalat
50 g Rucola
1 mittelgroße Gurke (ca. 200 g)
3 Tomaten (ca. 300 g)
1 kleines Bund Radieschen
(ca. 7–10 Radieschen)
16 Oliven
3 Champignons
Schnittlauch nach Belieben
4 frische Feigen
1 EL Hanfsamen, geschält

Dressing:
1 TL feiner Senf
1 EL Nama Tamari
1 TL Apfeldicksaft
4 EL Wasser
Saft von 1 Zitrone
1 TL Bärlauch, getrocknet
1 TL Dill, getrocknet
1 TL Petersilie, getrocknet
1 TL Kreuzkümmel, gemahlen
2 TL Hefeflocken
1 TL Rapsöl

Feldsalat und Rucola waschen und in mundgerechte Stücke schneiden. Die Gurke der Länge nach halbieren und in dünne Streifen hobeln. Tomaten und Feigen vierteln. Die Pilze vom Stiel befreien und in dünne Scheiben schneiden. Schnittlauch klein schneiden. Oliven gegebenenfalls entkernen und in Scheiben schneiden. Radieschen vom Grün trennen und nach Belieben vierteln oder im Ganzen verwenden. Alles zusammen mit dem Salat, den Sprossen und den Hanfsamen in eine Schüssel geben.

Zutaten für das **Dressing** im Mixer bei niedriger Geschwindigkeit verarbeiten.
Salat anmachen und servieren.

Salz

Das „weiße Gold" Salz ist fester Bestandteil einer jeden Küche. Wir verwenden es großzügig zum Würzen unserer Speisen. Und das hat auch seinen Grund, denn wir brauchen Salz zum Überleben. Unser Blut besteht ganz grob gesagt aus einer Salzlösung, deren Zusammensetzung fast mit jener der Urmeere identisch ist. Der gesamte Stoffwechsel unseres Körpers würde ohne Salze zusammenbrechen. Auch hier kommt es aber wieder auf die Qualität des Salzes an. Die hochwertigsten Salze findet man in frischem Gemüse (zum Beispiel Tomaten, Stangensellerie, Paprika), in Blattgrün (zum Beispiel Löwenzahn, Brennnessel, Giersch) und in Wildkräutern. Hier sind die Mineralsalze an Begleitnährstoffe und Wasser gebunden. In diesem Zustand kann sie unser Körper optimal verwerten. Weitere hochwertige Salzquellen sind naturbelassene Salze, wie etwa Steinsalz, Kristallsalz oder Meersalz. Fleur de Sel, die „Blume des Salzes", ist das hochwertigste Meersalz und wird ausschließlich in Handarbeit gewonnen.

Sole – die gesunde Flüssigwürze

Um die Aufnahme kristalliner Salze in unseren Körper zu erleichtern, ist es hilfreich, sie in Wasser zu lösen und als Sole zu verwenden. Das Salz wird an Wasser gebunden und kann dadurch zum einen besser aufgenommen werden und bindet zum anderen weniger körpereigenes Wasser. Zur Herstellung einer Sole benötigt man naturbelassenes Stein-, Kristall- oder Meersalz und hochwertiges stilles Wasser. Man gibt etwas Salz ins Wasser und wartet, bis es sich aufgelöst hat. Wenn sich bei weiterer Zugabe das Salz nicht mehr löst und sich am Boden des Gefäßes sammelt, ist die Lösung gesättigt und für den Einsatz bereit. Als Gefäße zur Aufbewahrung eignen sich hervorragend Einmachgläser.

Daneben sind Soja- oder Tamarisoße zum Salzen gut geeignet. Beide haben einen würzigen Geschmack und enthalten zugesetztes Meersalz. Durch die Fermentation ist das Salz verdaulicher und abgeschwächt. Man sollte aber darauf achten, nicht-pasteurisierte, traditionell hergestellte Produkte zu verwenden. Die darin enthaltenen lebendigen Mikroorganismen unterstützen und fördern zusätzlich die Verdauung. Deshalb ist Nama Tamari beispielsweise zwar nicht roh, aber für die Rohkost geeignet.

Ungeeignet: raffiniertes Kochsalz

Das handelsübliche raffinierte Kochsalz ist ungesund für unseren Körper. Es bindet wertvolles Zellwasser und speichert Schadstoffe. Von den ursprünglich über 80 Bestandteilen des Salzes bleibt nach dem Reinigungsprozess nur noch das Natriumchlorid (Kochsalz) übrig, die wichtigen Mineralstoffe und Spurenelemente, die unser Körper ebenfalls benötigt, gehen jedoch verloren. Damit das Kochsalz nicht verklumpt und sich besser löst, werden außerdem noch Chemikalien beigemischt, und die meisten Tafelsalze werden zusätzlich mit Jod und Fluor angereichert.

Das Salz in der Suppe

Warum salzen wir unser Essen überhaupt? Warum schmeckt es ohne Salz nicht? Durch das Kochen, Braten oder Backen werden die natürlichen Mineralsalze der Lebensmittel aus der vorhandenen Zellstruktur herausgelöst. Das sieht man schön am Beispiel der Gemüsebrühe. Die Mineralsalze gehen durch das Kochen vom Gemüse in die Brühe über. Deshalb wird Gemüsebrühe auch gerne zum Würzen benutzt. Das Gemüse selbst jedoch schmeckt nun fade und enthält nur noch einen Teil seiner natürlichen Salze. Unser Körper ist aber auf Salz angewiesen. Und wenn er es in der Nahrung nicht mehr findet, müssen wir es ihm zuführen. Das ist der Grund, warum wir salzen.

Der Hauptanteil des Salzes, das wir unserem Körper zur Verfügung stellen, sollte aus frischer Rohkost kommen. Wer reichlich frisches Obst und Gemüse, frische Küchen- und Wildkräuter zu sich nimmt, ist mit Salz gut versorgt. Ansonsten sind naturbelassene Salze und nicht-pasteurisierte Soja- oder Tamarisoße eine gute Alternative, vorausgesetzt, man verwendet sie sparsam.

Rohkost to go

Frisches Obst

Fladenbroht

Smoothies

Frischkäse

Dips & Pesto

`Rohkost für unterwegs` ist eine echte Herausforderung. Selbst wenn man ein veganes Restaurant kennt – der regelmäßige Besuch ist teuer. Hier sind ein paar Tipps, wie man sich auch unterwegs roh und vegan ernähren kann.

- Ein `Smoothie` ist eine gute Lösung. Wenn man ihn morgens mixt und in einen Shaker füllt, bleibt er, luftdicht verschlossen, bis mittags frisch. Statt fettiger Butterbrezel und Kaffee hat man nun einen Drink, der sättigt und voller Vitamine ist. Gesünder geht's nicht.

- Schnelle Rezepte für unterwegs sind zum Beispiel das Chili (Seite 70) oder unser Ratatouille (Seite 81). Oder man macht sich ein Pesto und in einem anderen Behälter `Zucchini-` oder `Kürbisspaghetti` und vermengt dann alles vor dem Essen. Auch Salate lassen sich vorbereiten und mit separatem Dressing mitnehmen. Sushi kann man schon am Vorabend gut zubereiten.

- Wer sich in einer Großstadt aufhält, informiert sich am besten über Restaurants, die frisch gepresste Säfte oder `Smoothies` und `Suppenkaltschalen` auf der Speisekarte haben. In vielen Kantinen gibt es zudem eine Salatbar.

- Frisches Obst ist eine prima Alternative. Eine Banane ist bereits verpackt, man muss sie nur noch schälen und kann sie frisch essen. Bio-Ware bekommt man heute in jedem Supermarkt.

Unser Tipp

Der Brohtlaib ist beim Anschneiden innen noch klebrig und brüchig. Hier arbeitet man am besten mit zwei Messern. Ein größeres, breites Messer legt man nach dem ersten Anschnitt auf die entstandene Schnittfläche. Dann mit einem scharfen Brotmesser die nächste Scheibe abschneiden. Diese lässt sich nun mit dem breiten Messer auf das Dörrblech heben.

Broht

↪ für 1 Laib

ZUTATEN:

250 g Buchweizen, geschält
100 g Paranüsse
50 g Hanfsamen, geschält
100 g goldene Leinsamen
1 mittelgroße Zucchini (ca. 120 g)

30 g Rosinen
30 g getrocknete Cranberrys
2 TL Sole
1 TL Kreuzkümmel
150 ml Wasser

Buchweizen und Paranüsse für ca. 2–3 Stunden einweichen.

Paranüsse und Buchweizen abtropfen lassen und in der Küchenmaschine fein mahlen. Hanfsamen ebenfalls mahlen. Leinsamen schroten. Zucchini zusammen mit dem Wasser, der Sole und dem Kreuzkümmel im Mixer bei hoher Geschwindigkeit mixen. Nun alles zusammen mit den restlichen Zutaten in einer Schüssel zu einem Teig verkneten.

Den Teig für ca. 30 Minuten ziehen lassen, anschließend in Frischhaltefolie einwickeln und einen schönen Laib formen. Die Folie wieder abnehmen und den Laib auf ein Dörrblech mit Dörrgitter rollen. Bei 42° C im Dörrgerät für ca. 12 Stunden trocknen. Danach den Laib vorsichtig in 2 cm dicke Scheiben schneiden. Die Scheiben zurück auf das Dörrblech legen und für weitere 8 Stunden trocknen.

Himbeerkonfitüre

↳ für ca. 250 g

ZUTATEN:

250 g Himbeeren,
frisch oder tiefgefroren
3 Medjool-Datteln
1 TL Zitronensaft
1 Teelöffelspitze Vanillepulver

Tiefgekühlte Himbeeren auftauen.

Medjool-Datteln entsteinen und zusammen mit den Himbeeren, dem Zitronensaft und dem Vanillepulver im Mixer bei hoher Geschwindigkeit verarbeiten, bis sich die Datteln vollständig aufgelöst haben und eine zarte Creme entstanden ist.

Unser Tipp

Die Marmelade lässt sich auch mit jeder anderen Beerensorte zubereiten.

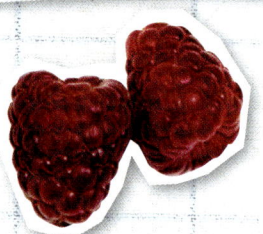

Feigenmarmelade & Aprikosengelee

↳ für jeweils ca. 200 g

ZUTATEN:

Feigenmarmelade:
200 g getrocknete Feigen
1 Teelöffelspitze Zimt (Ceylon)
2 EL Wasser
1 TL Zitronensaft

Aprikosengelee:
200 g getrocknete Aprikosen
1 Medjool-Dattel
1 Teelöffelspitze Vanillepulver
2 EL Wasser
1 TL Zitronensaft

Feigen bzw. Aprikosen jeweils für 30 Minuten einweichen.

Eingeweichte Trockenfrüchte für die jeweilige Fruchtvariante abtropfen lassen und zusammen mit den restlichen Zutaten in der Küchenmaschine zu einer cremigen Masse verarbeiten. Die Medjool-Dattel für das Aprikosengelee zuvor entsteinen.

Schokocreme

↳ für ca. 300 g

ZUTATEN:

30 g Carob-Pulver
10 g Maca-Pulver
1 TL Zimt (Ceylon)
1 TL Vanillepulver

100 g Mandelmus
100 g Agavendicksaft
100 g Kokosöl

Kokosöl schmelzen.

Agavendicksaft, Mandelmus und flüssiges Kokosöl in eine Schüssel geben und mit dem Schneebesen verrühren. Carob-, Maca-, Zimt- und Vanillepulver einsieben und mit dem Schneebesen zu einer cremigen Schokoladensoße verarbeiten.

Je nach gewünschter Konsistenz im Kühlschrank erkalten lassen oder durch Erwärmen auf 25° C verflüssigen.

Unser Tipp

Die Schokocreme ist nicht nur ein prima Brotaufstrich, man kann damit auch Desserts verfeinern.

Unser Tipp

Zum Wenden ein zweites Dörrblech mit Dörrgitter über die bereits angetrocknete Masse legen. Gut festhalten und wenden, jetzt kann die Dörrfolie problemlos abgezogen werden, und das Fladenbroht liegt sicher auf dem Blech.

Fladenbroht

↳ für 1 Dörrblech

ZUTATEN:

1 Kohlrabi (ca. 300 g)
3 Tomaten (ca. 300 g)
2 TL Bärlauch, getrocknet
Frischer Rosmarin nach Belieben
1 Medjool-Dattel
300 g Leinsamen
½ l Wasser

Kohlrabi zusammen mit Blättern und Schale in Stücke schneiden und mit den restlichen Zutaten im Mixer pürieren. Leinsamen in der Küchenmaschine schroten, zu der Gemüsecreme hinzugeben und bei niedriger Geschwindigkeit vermengen.

Anschließend die Masse gleichmäßig auf einem Dörrblech (Dörrgitter mit Dörrfolie) verstreichen und für etwa 24 Stunden bei 40° C im Dörrgerät trocknen. Nach ungefähr 12 Stunden die Masse wenden und nur mit dem Dörrgitter weiter trocknen.

Mit einem Pizzaroller in die noch nasse Masse die gewünschte Fladenbrohtgröße einrollen. So lässt sich das Broht später gut teilen. Weitere 12 Stunden trocknen.

Frischkäse

↳ für ca. 250 g

Zutaten:

125 g Cashewkerne
50 g Macadamianüsse
¼ TL vegane Joghurtkulturen
100 ml Wasser

1 TL Bärlauch, getrocknet
1 TL Basilikum, getrocknet
1 TL Petersilie, getrocknet
1 Teelöffelspitze Salz

Cashewkerne und Macadamianüsse für 2,5–3,5 Stunden einweichen.

Die Nüsse abtropfen lassen und zusammen mit dem Wasser und den Joghurtkulturen im Mixer zu einer Creme verarbeiten. Mit langsamer Geschwindigkeit starten, dann die Drehzahl erhöhen, evtl. den Stößel zur Hilfe nehmen. Jetzt bei langsamer Geschwindigkeit Kräuter und Salz hinzugeben. Der „Käse" muss nun für ca. 8–10 Stunden bei Zimmertemperatur ruhen. Dazu ein Küchensieb in eine hohe Schüssel legen, ein Küchentuch in dem Sieb ausbreiten, die Masse in das Tuch geben, das Tuch einschlagen und den Käse darin einwickeln. Das Ganze beschweren und beiseitestellen. Durch das aufgelegte Gewicht verliert der Käse während der Ruhezeit das überschüssige Wasser und kann in dem Tuch gut reifen.

Nachos

↳ für 1 Dörrblech oder ca. 350 g Nachos

ZUTATEN:

900 g süßer Mais
(ca. 5 große Maiskolben)
250 g goldene Leinsamen
200 ml Wasser
½ TL Paprikapulver, edelsüß
½ TL Kurkuma
Salz nach Belieben

Maiskolben schälen und von den Fasern befreien. Anschließend mit einem Filetiermesser die Körner vom Kolben trennen. Dazu den Maiskolben mit der Spitze nach unten in eine hohe Schüssel stellen und von oben nach unten arbeiten.

Leinsamen in der Küchenmaschine schroten und beiseitestellen. Maiskörner zusammen mit den Gewürzen und dem Wasser im Mixer zu einer cremigen Masse verarbeiten. Anschließend die geschroteten Leinsamen zugeben und bei niedriger Geschwindigkeit untermengen.

Anschließend die Masse gleichmäßig auf einem Dörrblech (Dörrgitter mit Dörrfolie) verstreichen und für ca. 24 Stunden bei 40° C im Dörrgerät trocknen. Nach der Hälfte der Trocknungszeit die Masse wenden und nur mit dem Dörrgitter weiter trocknen.

Mit einem Pizzaroller die noch nasse Masse vorsichtig in vier gleich große Streifen teilen und diese in Dreiecke schneiden. So erleichtert man sich nachher das Zuschneiden der Nachos. Weitere 12 Stunden trocknen lassen.

Salsa

Sweet Chili-Dip

↳ für ca. 200 g

↳ für ca. 200 g

ZUTATEN:

200 g Tomaten
½ TL Oregano, getrocknet
½ TL Basilikum, getrocknet
1 TL Bärlauch, getrocknet
2 Medjool-Datteln
1 TL Apfelessig
1 TL Zitronensaft
3 TL Sole
1 Teelöffelspitze Ingwerpulver
1 Prise Zimt (Ceylon)
½ TL Paprikapulver, edelsüß
1 Teelöffelspitze Chilipulver, Schärfegrad 6
¼ frische rote Paprika (ca. 40 g)
60 g Zucchini

Datteln entsteinen. Alle Zutaten bis auf die frische Paprika und die Zucchini im Mixer bei hoher Geschwindigkeit zu einer cremigen Soße verarbeiten. Paprika und Zucchini fein hacken und unter die Salsa heben.

ZUTATEN:

1 große gelbe Paprika (ca. 180 g)
20 g Karotten
1 daumengroßes Stück frischen Ingwer (ca. 10 g)
1 Teelöffelspitze Chilipulver, Schärfegrad 6
2 Medjool-Datteln

Paprika und Datteln entkernen, Karotte in dünne Scheiben schneiden, Ingwer schälen. Alles zusammen im Mixer zu einem cremigen Dip verarbeiten.

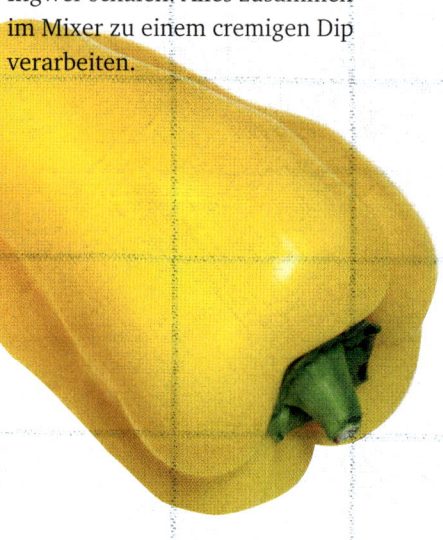

Pasta

Als Pasta zu den Pestos eignet sich Gemüse, das sich gut zu Nudeln verarbeiten lässt. Das sind Zucchini, Kohlrabi, Karotten, Rote Bete und Flaschenkürbis. Um daraus Nudeln zu machen, braucht man einen Spiralschneider.

Pesto all' arrabbiata

↳ für ca. 350 g

ZUTATEN:

2 getrocknete Tomaten (ca. 10 g)
3 frische Tomaten (ca 300 g)
1 kleine rote Paprika (ca 100 g)
2 getrocknete Feigen
2 Teelöffelspitze Chilipulver
2 TL Basilikum, getrocknet
1 TL Bärlauch, getrocknet
1 Tl Majoran, getrocknet
1 Prise Zimt (Ceylon)
1 Prise Ingwerpulver
2 TL Sole

Getrocknete Tomaten für ca. 15 Minuten in Wasser einweichen.)

Die eingeweichten Tomaten abtropfen lassen und zusammen mit den restlichen Zutaten im Mixer bei hoher Geschwindigkeit zu einem feinen Pesto verarbeiten.

Basilikum-Rucola-Spinach-Pesto

↳ für ca. 200 g

ZUTATEN:

20 g frisches Basilikum
70 g frischer Rucola
40 g Babyspinat
2 TL Bärlauch, getrocknet
1 TL Basilikum, getrocknet

60 g Zedernüsse
Saft von ½ Zitrone
2 TL Sole
1 TL Apfeldicksaft

Basilikum, Rucola und Spinat grob zerteilen. Im Mixer bei niedriger bis mittlerer Geschwindigkeit alles zusammen zu einem feinen Pesto verarbeiten.

Unser Tipp

Wer keinen Mixer mit Stopfer hat, sollte das Mixen öfter unterbrechen und die Masse mit einem Löffel nach unten drücken.

Pesto alla Siciliana

↳ für ca. 250 g

Zutaten:

4 getrocknete Tomaten (ca. 20 g)
4 frische Tomaten (ca. 300 g)
1 Medjool-Dattel
10 Kalmata-Oliven (ca. 15 g)
10 Blätter frisches Basilikum (ca. 2–3 g)
10 Blätter frischer Majoran (ca. 2–3 g)
1 Prise Zimt

1 TL Petersilie, getrocknet
1 TL Bärlauch, getrocknet
1 Teelöffelspitze Kurkuma
3–4 Körner Beerenpfeffer (rosa Pfeffer)
1 Teelöffelspitze Paprikapulver, scharf
1 EL Sole

Getrocknete Tomaten für ca. 15 Minuten in Wasser einweichen.

Die eingeweichten Tomaten abtropfen lassen. Oliven und Medjool-Dattel entsteinen. Alle Zutaten bis auf die Oliven und die Basilikum- und Majoranblätter im Mixer bei hoher Geschwindigkeit zu einem feinen Pesto verarbeiten. Basilikum- und Majoranblätter in dünne Streifen schneiden. Oliven klein hacken. Blätter und gehackte Oliven zum Pesto hinzufügen und erneut bei niedrigster Geschwindigkeit kurz im Mixer vermengen.

Unser Tipp

Beerenpfeffer oder rosa Pfeffer gibt es in jedem Asialaden.

Eiweiß

Eier, Milchprodukte und vor allem Fleisch sind Proteinquellen, die jedem sofort beim Thema Eiweiß einfallen. Wie aber decken wir mit veganer Rohkost unseren Proteinbedarf? Auf welche pflanzlichen Proteinquellen können wir in der Rohkost zurückgreifen?

GROSS UND STARK MIT PFLANZENEIWEISS

Kurz gesagt finden wir unser Protein in Samen, Nüssen, Wildkräutern, Algen, Früchten und Gemüse. Wie man im Tierreich sehr schön sehen kann, liefern Pflanzen genügend Protein, um groß und stark zu werden. Die größten Tiere dieser Erde, Elefanten etwa oder der Gorilla, sind reine Pflanzenfresser. Auch wir Menschen können pflanzliches Protein sehr gut verwerten. Für unseren Verdauungstrakt ist es ideal und hinterlässt bei seiner Aufspaltung zudem viel weniger Schlacken als tierisches Protein. Tierisches Eiweiß galt lange als höherwertig, da es alle essenziellen Aminosäuren beinhaltet, die unser Körper zum Aufbau seines eigenen Proteins benötigt. Heute weiß man jedoch, dass man diese Aminosäuren auch problemlos durch pflanzliche Nahrung aufnehmen kann. Pflanzen besitzen sogar hervorragende Aminosäureprofile. Zur Erklärung: Aminosäuren sind die Grundbausteine, aus denen Eiweiß besteht. Unser Körper muss jedes Protein, das er über die Nahrung aufnimmt, zuerst in die einzelnen Aminosäuren zerlegen, um aus ihnen dann wieder sein eigenes Protein bilden zu können.

PRÄDIKAT WERTVOLL

Pflanzennahrung hat den großen Vorteil, dass wir durch sie sehr viele reine Aminosäuren zu uns nehmen, die unser Körper ohne Zwischenschritt sofort verwenden kann. Früchte beispielsweise kennt man kaum als Eiweißquelle, dabei sind gerade sie sehr reich an Aminosäuren. Das macht sie zu ganz hervorragenden Eiweißlieferanten. Ein weiterer Vorteil von pflanzlichem Eiweiß ist seine hohe Qualität. Im Vergleich zu tierischem Eiweiß verdauen wir pflanzliches Eiweiß langsamer. Genau deshalb kann es besser von unserem Körper genutzt werden. Außerdem ist pflanzliches Eiweiß, anders als das von Tieren, basisch und sorgt in unserem Körper für einen ausgeglicheneren und damit gesünderen Säure-Base-Haushalt.

VEGANES PROTEIN AUS HANFSAMEN & CO.

Pflanzliche Quellen mit hohem Proteingehalt sind unter den Samen beispielsweise die Hanfsamen. Deren Protein wird daher gerne von Bodybuildern als Eiweißquelle genutzt. Aus Hanfsamen können wir als Milchersatz leckere vegane Milch herstellen, oder wir streuen sie über den Salat und verwenden sie als Knabberei. Zedernüsse oder Pinienkerne sind ebenfalls hervorragende Eiweißquellen. Wir können daraus nicht nur Parmesan oder leckere Käse-Dips herstellen, die Samen eignen sich auch ausgezeichnet als Topping für Aufläufe. Fettfreie Eiweißquellen sind Wildkräuter, Früchte und Sprossen. Hier bekommen wir zusätzlich zu den vielen Aminosäuren auch noch eine Menge Mineralstoffe, Spurenelemente und Vitamine.

Besser geht's nicht: Früchte und Wildkräuter sind für sich alleine schon Genuss pur, doch lassen sich daraus auch himmlische Desserts oder erfrischende Smoothies zubereiten.

Herzhaft vegan: Kokos-Bacon

Wer sich etwas Herzhaftes auf den Teller wünscht, sollte Kokos-Bacon probieren. Reichlich Protein mit einem rauchigen Geschmack, der an Bacon erinnert. Dazu das Fleisch von einer oder mehreren jungen Kokosnüssen in Streifen schneiden, für ca. 1 Stunde in Nama Tamari oder Sojasoße marinieren, anschließend im Dörrgerät für 8-12 Stunden je nach gewünschter Konsistenz trocknen – und genießen.

Hauptgerichte

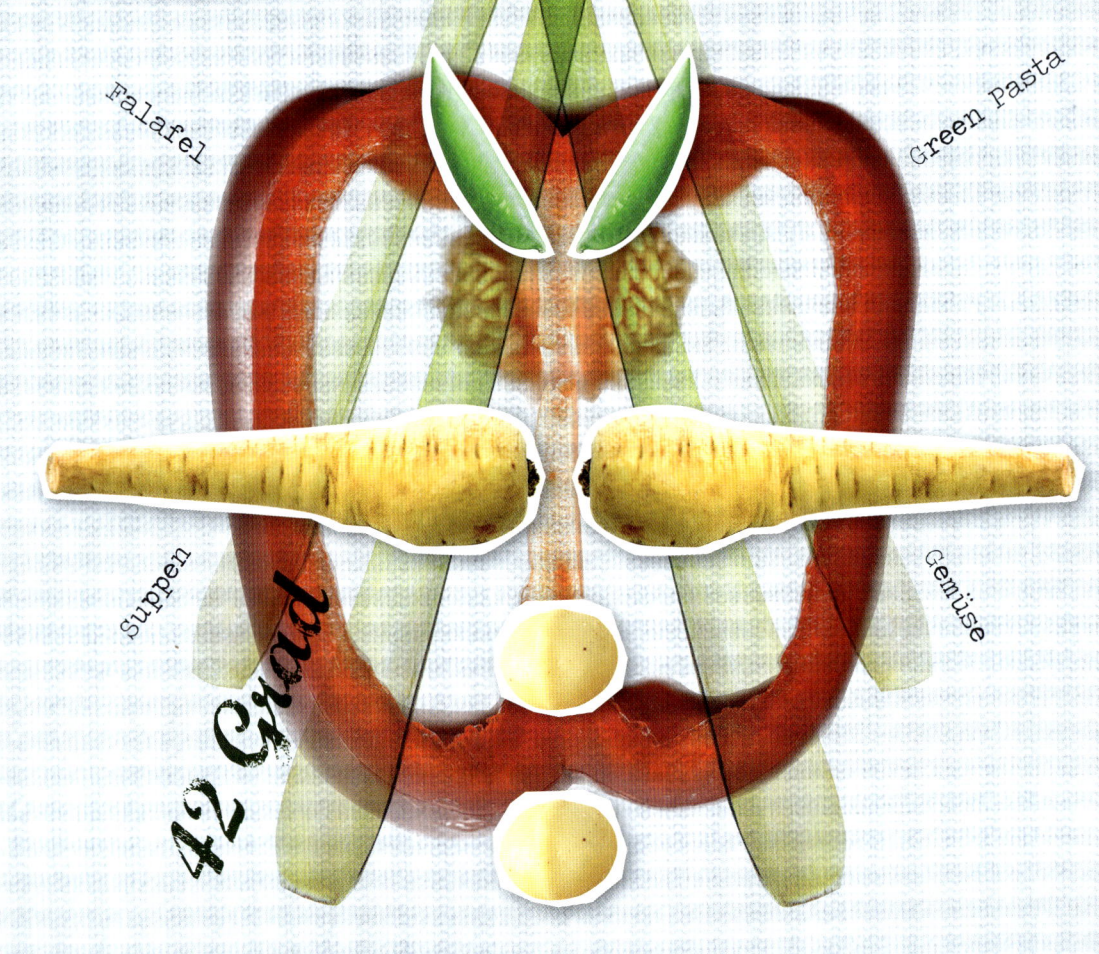

Falafel

Green Pasta

Suppen

Gemüse

42 Grad

Als wir mit der Rohkost anfingen, dachten wir, die größte Herausforderung wäre der Verzicht auf `warme Speisen`. Für viele ist besonders in der Winterzeit eben dieser Gedanke, keine warmen Mahlzeiten mehr essen zu können, abschreckend. Dabei ist es gar nicht so, dass wir in der Rohkost nichts erwärmen. Wir verzichten lediglich darauf, die Lebensmittel über 42° C zu erhitzen, um die enthaltenen `Enzyme` und `Nährstoffe` nicht zu schädigen.

Eine Esstemperatur um die 40° C wird allgemein als sehr angenehm empfunden. In der Rohkost haben wir verschiedene Möglichkeiten, um Speisen zu erwärmen. Im Dörrgerät können wir sie bequem auf `42° C` temperieren. Wer kein solches Gerät besitzt, kann auf den Ofen ausweichen. Zwar lassen sich die wenigsten Modelle auf Temperaturen unter 50° C einstellen, doch man kann sich behelfen, indem man die Backofentür einen Spalt weit offen lässt. So werden ungefähr 40° C erreicht. Eine weitere, besonders für `Suppen` geeignete Möglichkeit ist das Erwärmen mittels Topf und Lebensmittelthermometer. Auf eine angewärmte Speise an kalten Tagen muss man in der Rohkost also nicht verzichten!

Soupe aux tomates

→ für 2 Personen

Zutaten:

8 mittelgroße frische Tomaten
6 getrocknete Tomaten
1 Karotte
1 kleine bis mittlere Zucchini
1 EL Nama Tamari
1 TL Bärlauchöl oder Olivenöl

10 Blätter frisches Basilikum
1 TL Petersilie, getrocknet
1 TL Basilikum, getrocknet
1 TL Koriander, getrocknet
1 Tasse Wasser

Getrocknete Tomaten klein schneiden und ca. 15 Minuten einweichen.

Frische Tomaten zusammen mit der Nama Tamari im Mixer fein pürieren. Eingeweichte Tomaten abtropfen lassen und zusammen mit den restlichen Zutaten im Mixer bei höchster Geschwindigkeit zu einer feinen Suppe verarbeiten.

Unser Tipp

Die Suppe kann sowohl kalt als auch warm genossen werden.

Green Harmony

↳ für 2 Personen

ZUTATEN:

2 mittelgroße Zucchini (ca. 300 g)
1 mittelgroße Pastinake
(ca. 150-180 g)
1 Fenchel (ca. 130 g)
1 Avocado
1 Orange

12 Blätter Basilikum plus
ein paar mehr zum Dekorieren
500 ml Wasser
2 EL Apfeldicksaft
2-3 EL Pinienkerne
Salz nach Belieben

Zucchini, Pastinake und die Avocado schälen. Etwas von der Orangenschale mit einer Reibe abhobeln. Fenchel waschen. Zucchini, Pastinake, Fenchel und Avocado in grobe Stücke schneiden und in den Mixer geben. Zusammen mit den Basilikumblättern, dem Apfeldicksaft, dem Wasser und der geriebenen Orangenschale zu einer glatten Masse pürieren. Nach Belieben salzen.
Die angegebene Wassermenge ergibt eine cremige Suppe, für eine flüssigere Konsistenz mehr Wasser hinzugeben.

Die Suppe anschließend mit ein paar Avocadostreifen, Basilikumblättern und Pinienkernen dekorieren und servieren.

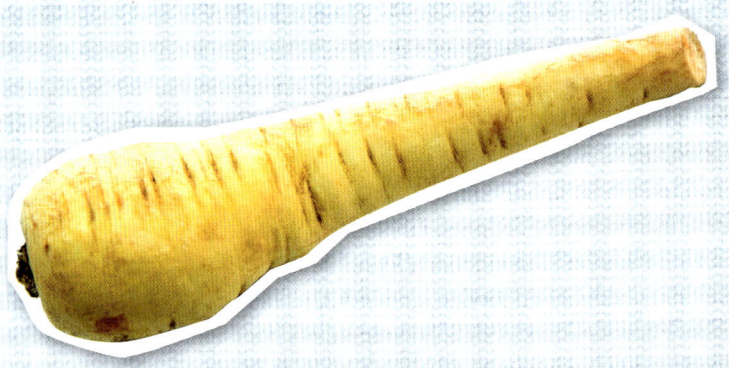

Tagliatelle alla carbonara

→ für 2 Personen

ZUTATEN:

2 Zucchini (á ca. 300 g)
30 g getrocknete Tomaten
1 Stück Lauch (ca. 5 cm lang)
3 EL Mandelmus
1 Teelöffelspitze Macis
Weißer Pfeffer nach Belieben
2 TL Nama Tamari

1 TL Hefeflocken
½ TL Bärlauch, getrocknet
½ TL Majoran, getrocknet
1 Teelöffelspitze Kurkuma
4 EL Wasser
2 EL Rapsöl
1 TL Zitronensaft

Getrocknete Tomaten in kleine Würfel schneiden und in Wasser einweichen lassen.

Während die Tomaten einweichen, Mandelmus, Gewürze, Wasser und Tamari zusammen im Mixer bei niedriger Geschwindigkeit verarbeiten. Bei laufendem Mixer das Rapsöl hinzugeben.

Lauch in dünne Scheiben schneiden und zusammen mit den eingeweichten Tomaten ohne Einweichwasser zur Soße hinzugeben. Die Carbonara beiseitestellen und ca. 20 Minuten ziehen lassen.

Mit dem Gemüsespitzer oder einem Spiralschneider aus den Zucchini die Nudeln drehen. Anschließend gut mit der Soße vermischen und anrichten.

Rawioli-Ecken mit Steinpilzfüllung

↳ für ca. 20 Rawioli

ZUTATEN:

Rawioli:
1 große Rote Bete (ca. 300 g)
Füllung:
70 g Macadamianüsse
30 g Pinienkerne
10 g getrocknete Steinpilze
3 TL Sole
1 TL Hefeflocken
1 TL Zitronensaft

Soße:
2 EL Mandelmus
8 EL Wasser
1 Stück Lauch (ca. 2 cm lang)
50 g frischer Apfel
1 TL Apfeldicksaft
1 TL Bärlauch, getrocknet
1 TL feiner Senf
Einige Blätter frischen Giersch oder Basilikum zum Garnieren

Pilze 30 Minuten und Macadamianüsse 2–3 Stunden einweichen.

Für die **Rawioli** Rote Bete gut schälen, so dass keine harten Stellen übrig bleiben. Anschließend mit dem V-Hobel so dünn wie möglich in Scheiben hobeln. Die Scheiben für ca. 10 Minuten liegen lassen, so werden sie flexibler.

Für die **Füllung** Macadamianüsse und getrocknete Pilze abtropfen lassen und zusammen mit den übrigen Zutaten in der Küchenmaschine zu einer feinen Masse verarbeiten.

Einen halben Teelöffel der Füllung in die Mitte einer Rote-Beete-Scheibe geben. Die Scheibe einmal zusammenfalten und mit den Fingern zu einer Tasche formen. Dabei sollte um die Füllung ein Stück Rand bleiben. Die fertigen Rawioli in der Mitte auseinanderschneiden und auf Tellern anrichten.

Für die **Soße** alle Zutaten zusammen im Mixer bei hoher Geschwindigkeit verarbeiten und mit Giersch und Basilikum als Verzierung zu den Rawioli servieren.

Unser Tipp

Die Spitzpaprika beim Füllen öfter mit der Spitze auf die Arbeitsfläche klopfen, so sackt die Füllung nach unten und es kann leichter nachgefüllt werden.

Spitzpaprika mit Walnusscrunch

↳ für 2 Portionen

ZUTATEN:

2 große rote Spitzpaprika (ca. 230 g)
2 frische Feigen

Füllung:
100 g Walnüsse
15 g Rucola
1 mittelgroße Zucchini (ca. 150 g)
1 TL Tahini-Mus
1 EL Apfeldicksaft

1 EL Nama Tamari
1 TL Zitronensaft
1 TL Bärlauch, getrocknet
20 g Hanfsamen, geschält
1 TL Hefeflocken
Weißer Pfeffer aus der Mühle nach Belieben
1 TL Rapsöl

Walnüsse für 6–8 Stunden einweichen.

Von der Spitzpaprika einen Deckel abschneiden und die Kerne entfernen. Für die Füllung die eingeweichten Walnüsse abtropfen lassen und in der Küchenmaschine fein mahlen. Zucchini in kleinere Stücke schneiden und in der Küchenmaschine fein hacken. Rucola so fein wie möglich schneiden. Die restlichen Zutaten für die Füllung gut mit den Walnüssen, der Zucchini und dem Rucola vermengen und die vorbereitete Spitzpaprika mit der Masse füllen.

Feigen vierteln und zusammen mit den gefüllten Paprika anrichten und servieren.

Unser Tipp

Lemongras, Limonenblätter und frischen Galgant gibt es in Asialäden.

Thai-Frühlingsrollen mit Horenso Gomaae

↳ für 8-12 Frühlingsrollen und 2 Beilagenportionen Horenso

Zutaten:

Horenso Gomaae:
300 g Babyspinat

Dressing:
2 EL Tahini-Mus
1 EL Tamari
1 TL Zitronensaft
3 TL Apfeldicksaft
Sesamkörner nach Belieben

Thai-Frühlingsrollen:
10-12 große bis mittelgroße Mangoldblätter
Füllung:
2 Karotten (ca. 120 g)
1 gelbe Paprika (ca. 150 g)
1 daumengroßes Stück Lauch (ca. 10 g)
1 daumengroßes Stück frischen Ingwer (ca. 12 g)
1 daumengroßes Stück (ca. 15 g) frische Galgantwurzel
2-3 Limonenblätter
2 Stangen frisches Lemongras
½ TL Koriander, getrocknet
1 EL Nama Tamari
1 EL Tahini-Mus
1 TL Bärlauch, getrocknet

Für den **Horenso** Babyspinat in einen großen Topf mit Wasser geben. Das Wasser auf 42° C erwärmen und den Spinat für ca. 45 Minuten darin ziehen lassen. Öfter durchmischen.

Für die **Frühlingsrollen** Mangoldblätter vom Stiel trennen, waschen, vorsichtig trocknen und beiseitelegen. Karotten mit dem V-Hobel in feine dünne Stifte hobeln. Paprika klein schneiden. Ingwer und Galgantwurzel schälen und zusammen mit dem Lauch, den Limonenblättern und dem Lemongras (das breite untere Ende) fein hacken. Die restlichen Zutaten für die Füllung zum Gemüse geben und alles gut durchmischen.

In die Mitte jedes Mangoldblattes zwei Esslöffel der Füllung geben, anschließend die Blattspitze und die Stielseite zur Mitte hin einschlagen – das Blatt sollte die Füllung gut umschließen. Danach die Seiten des Blattes straff über die Füllung schlagen, so dass eine schöne kleine Frühlingsrolle entsteht.

Alle Zutaten für das **Dressing** zu einer Soße rühren. Spinat abtropfen lassen. Dressing unterheben und mit Sesam anrichten.

66 | HAUPTGERICHTE

Bananencurry süß-sauer

↳ für 2 Personen

ZUTATEN:

Reis:
600 g Pastinaken

Curry:
5 Bananen (ungeschält ca. 800 g)
2 Stangen Lemongras
3 Limonenblätter
1 Stück frischen Ingwer, 2-3 cm lang
1 Stück frische Galgantwurzel, 2-3 cm lang

Saft einer Limette
1 TL Kurkuma, getrocknet
1 TL Kreuzkümmel, getrocknet und gemahlen
1 TL Koriander, getrocknet
2 TL Nama Tamari
2 TL Chicorée
1 rote Paprika
Mungbohnensprossen, Zuckererbsen und Erdnüsse nach Belieben

Die Pastinaken schälen, grob schneiden und in der Küchenmaschine zu feinem Reis verarbeiten. Die Paprika, die Zuckererbsen und den Chicorée waschen und für das Gemüse klein schneiden. Galgantwurzel, Ingwer, Lemongras und Limonenblätter fein hacken. Von dem Lemongras nehmen wir nur das breite untere Ende, da dieses am aromatischsten ist.

Die Bananen schälen und zusammen mit Limettensaft, Koriander, Nama Tamari, Kreuzkümmel und Kurkuma im Mixer zu einer glatten Creme verarbeiten. Anschließend bei niedriger Geschwindigkeit die zuvor klein gekackten Wurzeln, Lemongras und Limonenblätter hinzugeben.

Das Curry kann nun zusammen mit dem Pastinakenreis, dem Gemüse und den Sprossen angerichtet werden. Frische rohe Erdnüsse sind eine tolle Ergänzung.

Sushi-Maki

↳ für 3 Maki-Rollen, ca. 24 Sushi-Maki

ZUTATEN:

450 g frisches Sauerkraut
(nicht-pasteurisiert)
250 g Pastinaken
3 Nori-Blätter
1 Avocado
Nama Tamari zum Tunken

Für die **Füllung** das Sauerkraut in den Händen so lange kneten, bis es nahezu trocken ist. Dann aus dem Kraut eine Rolle formen und mit dem Messer ca. 2 cm dicke Scheiben abschneiden. Erneut zu einer Rolle Formen und nochmals in Scheiben schneiden. Das Kraut nun in eine Schüssel geben und mit den Händen auseinanderdröseln. Pastinaken in der Küchenmaschine mahlen und unter das Kraut mischen. Die Mischung sollte am Ende ohne Klumpen sein. Das Fruchtfleisch der Avocado in Streifen schneiden. Diese sollten ca. 1 cm dick sein.

Für die **Maki-Rolle** ein Nori-Blatt auf ein trockenes Brett legen und mit der Sauerkraut-Pastinaken-Mischung gleichmäßig ca. 0,5 cm dick belegen. Am oberen und unteren Rand sollte jeweils ein 3 cm breiter Streifen frei bleiben. Die Avocadostreifen am unteren Rand der Sauerkraut-Pastinaken-Schicht der Länge nach verteilen. Das untere freie Stück des Nori-Blattes über die Avocado schlagen und das Algenblatt gleichmäßig und straff rollen. Das obere freie Stück des Blattes mit Wasser befeuchten und die Rolle zu Ende rollen. Dann die Rolle auf der Klebestelle mit einem scharfen Messer in ca. 2,5 cm dicke Sushi-Maki schneiden. Die einzelnen Sushi-Maki mit den restlichen Avocadostreifen und Nama Tamari servieren.

Chili

↳ für 2 Personen

Zutaten:

Chili-Gemüse:
3 Tomaten (ca. 300 g)
3 Champignons
1 TL Petersilie, getrocknet
1 TL Bärlauch, getrocknet
1 große rote Paprika
1 TL Majoran, getrocknet
1 Maiskolben
8 Oliven
1 Schalotte

Chilisoße:
7 Tomaten (ca. 700 g)
1 TL Paprikapulver, edelsüß
9 getrocknete Tomaten (ca. 40 g)
Chilipulver nach Belieben
1 große rote Paprika
1 Teelöffelspitze Macis
2 TL Rapsöl
½ TL Kurkuma
1 EL Nama Tamari
1 Prise Zimt (Ceylon)
1 TL Basilikum, getrocknet
1 TL Bärlauch, getrocknet

Getrocknete Tomaten für ungefähr 15 Minuten einweichen.

Für das **Chili-Gemüse** Tomaten, Champignons, Paprika und Oliven in kleine Würfel schneiden. Schalotte fein hacken. Maiskörner mit dem Messer (am besten einem Filetiermesser) vom Kolben trennen. Dazu den Maiskolben in eine Schüssel stellen und die Körner von oben nach unten abschneiden. Alles zusammen in einen Topf oder eine Schüssel geben. Die Gemüsemischung gut mit den Kräutern vermengen und beiseitestellen.

Für die **Soße** die eingeweichten Tomaten abtropfen lassen, waschen und zusammen mit den restlichen Zutaten im Mixer bei hoher Geschwindigkeit zu einer feinen Soße verarbeiten. Die Soße zum Gemüse geben und alles gut durchmischen.

Unser Tipp

Das Chili eine Weile ziehen lassen, so entfaltet es sein volles Aroma. Für den nächsten Tag ist es eine tolle To-go-Mahlzeit.

Falafel mit Gurken-Dill-Salat

> für 2 Personen, ca. 20 Falafel

ZUTATEN:

Falafel:
400 g Karotten
2 Medjool-Datteln
30 g goldene Leinsamen
1 TL Garam-Masala-Gewürz
1 TL Kurkuma, getrocknet
1 Teelöffelspitze Kreuzkümmel, gemahlen
1 TL Bärlauch, getrocknet
2 TL Sole
40 g Sesam

Gurken-Dill-Salat:
2 große Gurken (ca. 200 g)
2 TL Dill, getrocknet
2 TL Bärlauch, getrocknet
2 TL Nama Tamari
2 TL Agavendicksaft
2 TL Tahini-Mus
Saft einer Zitrone

Für die **Falafel** Karotten schälen und in einer Küchenmaschine fein hacken. Die Medjool-Datteln und die Leinsamen ebenfalls darin verarbeiten und zusammen mit den anderen Zutaten ausgenommen dem Sesam in einer Schüssel mit den Händen zu einem Teig verkneten. Anschließend zu Kugeln von ca. 4 cm Durchmesser formen. Den Sesam in der Küchenmaschine mahlen. Darin werden die Falafel gewälzt.

Für den **Gurken-Dill-Salat** die Gurken waschen und mit dem V-Hobel in kleine Stifte hobeln. Mit den anderen Zutaten in einer Schüssel gut durchmischen und servieren.

Filled Tomatoes

↳ für 2 Personen

Zutaten:

6 Romatomaten
5–6 getrocknete Tomaten
1 Karotte (ca. 50 g)
1 orange Paprika 30 g
1 Deglet-Nour-Dattel
ca. 80 g Sonnenblumenkerne

2 EL Pinienkerne
1 TL Nama Tamari
1 TL Tahini-Mus
1 TL Olivenöl
Frisches Basilikum nach Belieben

Getrocknete Tomaten ca. 15 Minuten einweichen, dann abtropfen lassen.

Von den Romatomaten die Spitze abschneiden, so dass sie später auf dem Teller stehen können und nicht umfallen, dann einen ca. 0,5 cm dicken Deckel am Stielansatz abschneiden und die Tomaten mit einem kleinen Löffel aushöhlen. Das ausgeschabte Tomatenmark zusammen mit den eingeweichten Tomaten und den restlichen Zutaten bis auf die Sonnenblumenkerne, die Pinienkerne und das Basilikum pürieren. Die Masse sollte nicht zu glatt verarbeitet sein. Anschließend die Sonnenblumenkerne hinzugeben und noch einmal mixen. Die Kerne dürfen knusprig bleiben.

Die Tomaten füllen, den Rest der Füllung neben die Tomaten auf den Teller geben und mit Basilikum und den Pinienkernen bestreuen.

Crespelle con Spinaci

↳ für 6 Stück

ZUTATEN:

2 mittelgroße Zucchini (à ca. 280 g)

Füllung:
2 EL weißes Mandelmus
1 TL Agavendicksaft
1 TL Zitronensaft
1 EL Nama Tamari
150 g Spinatblätter

10–15 Blätter frisches Basilikum (ca. 3 g)
Weißer Pfeffer aus der Mühle nach Belieben
6 getrocknete Tomaten (ca. 35 g)
2 TL Bärlauch, getrocknet
Tomaten nach Belieben zum Dekorieren

Getrocknete Tomaten für ca. 15 Minuten einweichen.

Zucchini der Länge nach in dünne Scheiben hobeln. Spinatblätter in dünne Streifen schneiden und fein hacken. Die getrockneten Tomaten abtropfen lassen und ebenfalls fein hacken. Basilikumblätter klein schneiden. Geschnittenes Basilikum, gehackte Tomaten und getrockneten Bärlauch zum Spinat hinzugeben und gut durchmischen. Die restlichen Zutaten für die Füllung in eine Schüssel geben und mit dem Schneebesen zu einer Marinade verarbeiten. Diese anschließend mit den Händen in den Spinat einmassieren.

Für ein Crespellini je drei Zucchinischeiben leicht übereinanderlappend auf einem Brett auslegen. Zwei bis drei Teelöffel der Füllung am unteren Ende auf den Zucchinischeiben verteilen. Anschließend die Zucchinischeiben der Länge nach einrollen. Crespellini zusammen mit den Tomaten und der übrigen Füllung anrichten.

Quiche aux Legumes

↳ für eine Springform (18 cm Durchmesser)

Zutaten:

Boden:
50 g Mandeln
3 getrocknete Tomaten
½ Tomate
30 g goldene Leinsamen
2 EL Wasser
1 TL Olivenöl

Füllung:
50 g rote Spitzpaprika
30 g Champignons
100 g Zucchini
70 g Pastinaken
4 entsteinte Oliven
20 g Lauch
½ Tomate
100 g Mandeln
30 g goldene Leinsamen

Tomatencreme:
2 Tomaten (ca. 180 g)
½ TL weißer Pfeffer
1 EL Olivenöl
1 TL Flohsamenschalen
getrocknete Kräuter:
½ TL Basilikum
1 TL Rosmarin
½ TL Majoran
1 TL Bärlauch

Topping:
2 Tomaten (ca. 200 g)
1 TL Tamari
1 EL Hefeflocken
1 EL Flohsamenschalen
getrocknete Kräuter:
½ TL Basilikum
1 TL Rosmarin
½ TL Majoran

Mandeln ca. 6–8 Stunden und getrocknete Tomaten 15 Minuten einweichen.

Für den **Boden** Mandeln und getrocknete Tomaten abtropfen lassen und zusammen mit den Leinsamen in der Küchenmaschine fein hacken. Tomaten in kleine Würfel schneiden und mit den restlichen Zutaten zu einem Teig verkneten. Form mit Backpapier auskleiden und den Teig darin zu einem Boden formen.

Für die **Füllung** Mandeln abtropfen und zusammen mit den Leinsamen fein hacken. Paprika, Champignons, Oliven, Lauch und Tomaten klein schneiden. Pastinaken und Zucchini mit dem V-Hobel in dünne Streifen hobeln. Alles gut vermengen.

Die Zutaten für die **Tomatencreme** bis auf die Flohsamenschalen im Mixer pürieren. Flohsamenschalen hinzugeben und bei niedriger Geschwindigkeit kurz untermengen. Leinsamen in der Küchenmaschine schroten. Alles zur Gemüsemischung hinzufügen und vermengen. Die Gemüsefüllung in der Kuchenform verteilen und gut andrücken.

Das **Topping** wird zubereitet wie die Tomatencreme. Die Creme auf der Quiche verteilen und mit den Kräutern garnieren. Die Quiche 15 Minuten im Kühlschrank ruhen lassen.

HAUPTGERICHTE | 79

Unser Tipp

Wer mag, kann die einzelnen Portionen im Dörrgerät bei ca. 40° C oder im Backofen bei 50° C und leicht geöffneter Tür erwärmen.

Ratatouille

↳ für 2 Personen

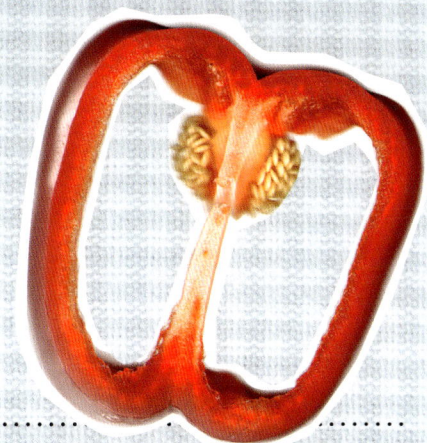

ZUTATEN:

1 große Zucchini (ca. 200 g)
2 rote Paprika (á ca. 150 g)
1 gelbe Paprika (ca. 150 g)
4 Medjool-Datteln
1 Schalotte
2 große Tomaten (ca. 200 g)

Marinade:
30 g getrocknete Tomaten
2 große Tomaten (ca. 200 g)
5 Blätter frisches Basilikum
1 TL Basilikum, getrocknet
1 TL Kräuter der Provence
1 TL Bärlauch, getrocknet
1 Prise Zimt (Ceylon)
½ TL Zitronensaft

Getrocknete Tomaten für ca. 15 Minuten einweichen.

Zucchini, Paprika, 2 Tomaten, Schalotte und Datteln klein schneiden. Basilikumblätter übereinanderlegen, einrollen, in dünne Streifen schneiden und klein hacken. Eingeweichte Tomaten abtropfen lassen und zusammen mit den restlichen Zutaten im Mixer bei hoher Geschwindigkeit zu einer cremigen Marinade verarbeiten. Gemüse, gehackte Schalotte und Basilikum gut mit der Marinade vermengen und ca. 15 Minuten ziehen lassen.

Unser Tipp

Jedes beliebige Gemüse wie Gurken, Karotten oder Pastinaken eignet sich auch hervorragend zum Dippen.

Cheesy Champignons Pikant

↳ für ca. 400 g Dip bzw. Füllung

ZUTATEN:

Champignons zum Füllen,
ca. 8 Stück pro Person
Paprika zum Dippen nach Belieben

Pikanter Dip:
100 g Cashewkerne
100 g Macadamianüsse
70 g Sonnenblumenkerne

40 g rote Paprika
25 g Hefeflocken
1 TL Kurkuma, getrocknet
1 EL Bärlauch, getrocknet
Saft von ½ Zitrone
4 getrocknete Tomaten (ca. 20 g)
8 EL Wasser
½ TL Vanillepulver

Cashewkerne und Macadamianüsse ca. 2–3 Stunden einweichen.

Nüsse abtropfen lassen und alle Zutaten für den Dip zusammen im Mixer zu einer Creme verarbeiten. Je nach gewünschter Konsistenz feiner oder gröber verarbeiten.

Die Stiele der Champignons herausbrechen
und die Pilze mit dem Dip füllen.
Zusammen mit frischer Paprika anrichten.

Buchweizenknödel mit Schwammerlsoße

↳ für 2 Portionen bzw. 4 Knödel

Zutaten:

Knödel:
80 g Buchweizen, geschält
50 g Sonnenblumenkerne
25 g Kürbiskerne
15 g Hanfsamen, geschält
30 g goldener Leinsamen
10 g frische Petersilie
4 Blätter frisches Basilikum
½ TL Oregano, getrocknet
1 TL Bärlauch, getrocknet
½ TL Kümmel
1 TL Nama Tamari

Soße:
200 g Champignons
3 EL Nama Tamari
15 g frische Petersilie
1 TL Bärlauch, getrocknet
1 TL Petersilie, getrocknet
1 Teelöffelspitze Kurkuma
1 Teelöffelspitze Macis
1 Teelöffelspitze Ingwerpulver
2 TL Hefeflocken
Schwarzer Pfeffer nach Belieben
2 EL Rapsöl
2 EL Mandelmus
400 ml Wasser

Buchweizen, Sonnenblumenkerne und Kürbiskerne für ca. 2–3 Stunden einweichen.

Champignons von den Stielen trennen und klein schneiden. Mit Nama Tamari marinieren und während der Zubereitung der Knödel ziehen lassen.

Für die **Knödel** Leinsamen in der Küchenmaschine schroten. Buchweizen, Sonnenblumen- und Kürbiskerne abtropfen lassen und in der Küchenmaschine nacheinander zu einer teigigen Masse verarbeiten. Hanfsamen in der Küchenmaschine zu Mehl verarbeiten. Petersilie und Basilikum klein schneiden. Alles zusammen mit den übrigen Zutaten in einer Schüssel zu einem Teig verkneten und anschließend daraus Knödel formen. Die Knödel beiseitestellen und kurz ziehen lassen.

Für die **Soße** alle Zutaten bis auf das Rapsöl und die Petersilie zusammen im Mixer bei niedriger Geschwindigkeit mixen. Währenddessen das Rapsöl hinzugeben. Petersilie klein schneiden und unter die Soße rühren. Diese Rahmsoße nun zu den marinierten Pilzen hinzufügen und gut vermengen.

Zum Schluss die Knödel in tiefen Tellern oder Schüsseln zusammen mit der Mandel-Rahm-Soße anrichten.

Sport

Sport macht uns fit für erstaunliche Leistungen. Stellen wir uns jede unserer Zellen als eine kleine Pumpe vor, die sich unentwegt öffnet und schließt. Bei jedem Durchgang werden Nährstoffe, Sauerstoff und Wasser aufgenommen und zugleich Schlacken ausgeschieden. Bewegung bedeutet, dass alles ins Fließen gerät. Wir atmen schneller und reichern dadurch unser Blut und unsere Zellen mit ausreichend Sauerstoff an. Unser Kreislauf, das Lymphsystem und der Stoffwechsel kommen so richtig in Schwung. Unsere Zellen arbeiten schneller, und wir steigern unsere körpereigene Elektrizität. Das wiederum stärkt unser zentrales Nervensystem und sorgt dafür, dass unsere inneren Schaltkreise richtig arbeiten. Glücksstoffe werden ausgeschüttet. Regelmäßiger Sport stärkt zudem unser Immunsystem, verleiht schöne Haut und stabile Knochen und macht uns zufrieden und ausgeglichen. Er hält uns jung. Mit Bewegung stärken wir nicht nur unsere Muskeln, sondern werden innerlich zentrierter und emotional ausgeglichener. Bewegung ist also der Schlüssel für Gesundheit und Vitalität.

Bewegung und Rohkost – ein gutes Team

Der menschliche Körper ist eine Bewegungsmaschine. Mit einer gesunden, lebendigen Ernährung sind wir besonders leistungsfähig. Bewegung hilft uns, die Nähr- und Vitalstoffe unserer Lebensmittel besser zu verwerten und Abfallstoffe leichter auszuscheiden. Dabei unterstützt uns die vegane Rohkost. Sie versorgt uns vor, während und nach dem Kraft- oder Ausdauersport mit allem, was unser Körper benötigt. Wichtig ist, dass wir genügend Nahrung zu uns nehmen, um unseren Energiebedarf zu decken. Früchte als Grundlage versorgen uns mit energiereichen Kohlehydraten und wichtigen Aminosäuren und Vitaminen. Gemüse, Wildkräuter und grüne Blattsalate wiederum helfen uns, unseren Bedarf an Mineralien zu decken. Nüsse und Samen schließlich führen uns gesunde Fettsäuren zu. Durch die hohe Qualität und Bioverfügbarkeit der Nährstoffe werden wir ent- statt belastet, ohne dabei an Leistung zu verlieren.

Erst die Arbeit und dann ...

Wir sollten darauf achten, uns täglich zu bewegen. Ohne Sport schaden wir unserem Körper. Selbst die beste Ernährungsform nützt nichts, wenn wir uns nicht körperlich betätigen. Mindestens drei Mal in der Woche sollten wir uns daher richtig auspowern. Doch wer Sport treibt, muss auch für die Ruhephase sorgen. Denn unser Körper benötigt Zeit zur Regeneration. Neben dem Einhalten von Ruhetagen bedeutet das auch ausreichend Schlaf und jeden Tag ein paar Minuten, in denen wir unseren Geist zur Ruhe bringen. Das kann zum Beispiel eine Meditation oder ein gemütlicher Spaziergang in der Natur sein.

Hier ist eine kleine *Motivationshilfe*, um den inneren Schweinehund zu besiegen und Spaß am Sport zu finden:

- Ein Ziel setzen: Das kann ein definierter Körper, mehr Muskulatur oder mehr Ausdauer sein. Es gibt immer einen Grund, warum man Sport treiben will.

- Geduld ist der Schlüssel zum Erfolg: Egal, worauf man hintrainiert, Marathon oder Sixpack, sobald Erfolge sichtbar werden, steigt die Motivation, weiterzumachen.

- Erfolg ist das Ergebnis einer Regelmäßigkeit: Sport sollte zur Gewohnheit werden.

- Die guten Tage zählen: Jeder hat mal einen schlechten Tag, davon sollte man sich aber nicht verunsichern lassen, sondern seinen Fokus auf die gute Zeit legen.

- Einen Trainingspartner finden: Zu zweit ist alles leichter und macht doppelt so viel Spaß.

- Bewegung in den Alltag integrieren: Treppe statt Aufzug oder mit dem Fahrrad zur Uni oder Arbeit fahren. Frische Luft in der Mittagspause? Na klar. Gleichgewichtstraining in Bus oder Bahn? Nichts leichter als das: stehen, ohne sich dabei festzuhalten. Das trainiert Beinmuskeln und Gleichgewichtssinn.

- Eigene Erfolge messen: Um sich die eigenen Erfolge sichtbar zu machen, kann man sich die Fortschritte notieren.

- Laufen, sooft es geht: Ob schnell oder langsam, man sollte versuchen, jeden Tag eine gewisse Strecke zu Fuß zurückzulegen. Vor 100 Jahren ist man im Durchschnitt täglich noch 20 km gegangen.

- Stärker werden: Es gibt tausend Möglichkeiten, auch ohne Geräte, nur mit dem eigenen Körpergewicht zu trainieren, Muskeln aufzubauen und dementsprechend fitter und stärker zu werden.

- Sich selbst motivieren: Wer sich immer wieder ins Gedächtnis ruft, dass Sport die eigene Lebensqualität steigert, motiviert sich automatisch selbst.

Fruit Love

Mineralstoffe

Spurenelemente

fettreduziert

Antioxidantien

Vitamine

Warum gibt es in diesem Buch eine extra Kategorie an Rezepten mit dem Titel Fruit Love? Nun, die folgenden Gerichte sind alle auf Früchte-Basis aufgebaut. Außerdem sind alle `Fruit-Love-Gerichte` frei von zugesetztem Fett. Uns ist es ein Anliegen, auch auf die rohköstliche Ernährung einzugehen, die Kohlehydrate dem Fett vorzieht. Die Vorteile einer fettreduzierten Kost lassen sich folgendermaßen zusammenfassen:

- Früchte sind ein hochwertiger Energie- und Nährstofflieferant. Der Stoffwechsel arbeitet schneller und effizienter.
- Früchte sind `leicht verdaulich` und haben eine reinigende Wirkung.
- Durch `wenig Fett` im Blut verbessert sich der Nährstofftransport im Körper.
- Der Organismus wird leistungsfähiger, überschüssiges Körperfett wird abgebaut.
- Früchte besitzen viele `Antioxidantien,` die den Alterungsprozess verlangsamen.

Deshalb ist es gut, wenn mindestens eine Mahlzeit am Tag hauptsächlich aus Früchten oder Gemüse besteht. Dabei handelt es sich aber nicht um eine Diät, sondern um vollwertige Ernährung. Die `Fruit-Love-Rezepte` und die Idee der fettfreien Gerichte sind eine große Bereicherung für die gesunde und ausgewogene Ernährung. Und noch dazu schmecken sie einfach köstlich.

Good Morning Banana

↳ für 2 Personen

ZUTATEN:

6–8 mittelgroße
reife Bananen
(geschält ca. 800 g)
½ TL Vanillepulver
½ TL Maca-Pulver
3 Medjool-Datteln
Frische Beeren und Trockenfrüchte
nach Belieben

Medjool-Datteln entkernen und zusammen mit Bananen, Vanille-, und Maca-Pulver im Mixer zu einer feinen Creme verarbeiten. Frisch servieren.

Unser Tipp

Frische Beeren, getrocknete Bananen, ein par geschnittene Dattelstücke, Rosinen oder Maulbeeren sind nicht nur ein tolles Topping für Desserts. Man kann sich daraus auch ein leckeres Bananenmüsli machen. So gelingt der fruchtig süße Start in den Tag!

Fruit Quiche

↳ für 1 Springform (18 cm Durchmesser)

....
ZUTATEN:
....

Boden:
80 g lila Maismehl
100 g entsteinte Deglet-Datteln
2 EL Agavendicksaft
1 TL Vanillepulver
1 EL Wasser
Saft von ½ Zitrone

Soße:
1 Mango (ca. 300 g)
1 Teelöffelspitze Vanille
1 Medjool-Dattel
Belag:
½ Ananas (ca. 200 g)
1 Mango (ca. 300 g)

....

Für den **Boden** die Deglet-Datteln in einer Küchenmaschine zerkleinern und mit den restlichen Zutaten zu einem Teig verkneten.

Backpapier in die Springform einspannen und den Teig mit den Händen flach zu einem gleichmäßigen Boden formen.

Die Zutaten für die **Soße** im Mixer zu einer feinen Creme verarbeiten und mit einem Esslöffel auf der Tarte verteilen.

Für den **Belag** das Fruchtfleisch der Ananas und der Mango in dünne Scheiben schneiden und abwechselnd in die Form schichten. Anrichten und frisch genießen.

FRUIT LOVE | 93

Unser Tipp

Wenn man Ananas und Mango kreisförmig von außen nach innen schichtet, ergibt sich das Muster einer Blume.

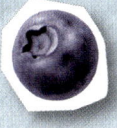

Berry-Dream-Creme

↳ für 2 Personen

....
ZUTATEN:
....

4 Bananen
2 Medjool-Datteln
250 g Beeren
1 Teelöffelspitze Vanillepulver

....

Datteln entsteinen und mit den restlichen Zutaten im Mixer zu einer feinen Creme verarbeiten. Nach Belieben mit frischen Beeren oder Trockenfrüchten dekorieren. Frisch servieren und schmecken lassen.

Unser Tipp

Die Creme lässt sich mit allen frischen Beeren wie Erdbeeren, Himbeeren, Heidelbeeren oder einer Beerenmischung zubereiten. Kirschen ergeben ebenfalls eine himmlische Geschmacksvariante. Sollten keine frischen Beeren zur Verfügung stehen, kann man auch Tiefkühlbeeren verwenden.

ToMango

↳ für 2 Personen

ZUTATEN:

6 Tomaten (ca. 600 g)
1 Mango (ca. 400 g)
8 Blätter frisches Basilikum
½ TL Basilikum, getrocknet

½ TL Majoran, getrocknet
½ TL Bärlauch, getrocknet
1 TL Nama Tamari

Tomaten in Scheiben schneiden und auf Tellern anrichten.

Mango schälen, das Fruchtfleisch mit einem Filetiermesser vom Kern trennen und zusammen mit den restlichen Zutaten, bis auf das frische Basilikum, im Mixer zu einer feinen Soße verarbeiten und anschließend über den Tomaten verteilen. Basilikumblätter ineinanderlegen, einrollen, in dünne Streifen schneiden und über den Tomaten verteilen.

FRUIT LOVE | 97

Unser Tipp

Hier eignet sich ein Mixer mit Stößel; die Creme lässt sich damit besser zubereiten. Wer kein solches Gerät besitzt, kann die Pulsfunktion nutzen oder öfter eine Pause einlegen, um die Masse kurz von Hand mit einem Kochlöffel umzurühren.

Vitamin Skycrusher

↳ für 2 Personen

Zutaten:

2 Orangen (ca. 700 g)
2 süße Äpfel (ca. 300 g)
5 Medjool-Datteln
¼ TL Zimt (Ceylon)
1 Teelöffelspitze Vanillepulver

Orangen mit einem Messer schälen und in dünne Stücke schneiden. Äpfel entkernen und zusammen mit den Datteln, dem Zimt und der Vanille im Mixer zu einer Creme verarbeiten.

Anschließend abwechselnd Orangen und Creme in hohe Gläser schichten. Für eine Cremeschicht empfehlen wir etwa zwei gehäufte Teelöffel der Masse.

Bananaloni

↳ für 2 Personen

....
ZUTATEN:
....

3–4 Bananen
15 mittelgroße Löwenzahnblätter
125 g Heidelbeeren
2 TL Apfeldicksaft
Zum Anrichten ein paar Zahnstocher
oder Schaschlikspieße

....

Löwenzahnblätter frisch ernten, ggf. waschen und abtrocknen.
Die Bananen schälen und in Stücke schneiden, die einzelnen Stücke sollten jeweils genauso dick sein wie das Löwenzahnblatt, in das sie eingerollt werden, breit ist. Ein Bananenstück auf ein Löwenzahnblatt legen und dieses von der Blattspitze zum Stiel hin einrollen. Das letzte Stück des Stiels abschneiden. Das Blattende mit einem Zahnstocher oder Schaschlikspieß fixieren.

Für einen langen Bananaloni-Spieß die einzelnen Bananaloni abwechselnd mit unbehandelten Bananenstücken auf einen Schaschlikspieß spießen.
Beeren und Apfeldicksaft im Mixer zu einer cremigen Soße verarbeiten und zu den Bananaloni servieren.

Unser Tipp

Dieses Gericht ist super, um Kindern Wildkräuter schmackhaft zu machen.

Erdbeer-Chili-Gazpacho

↳ für 2 Portionen als Starter oder 1 Portion als Hauptgang

ZUTATEN:

300 g Tomaten
250 g Erdbeeren,
frisch oder tiefgefroren
2 EL Agavendicksaft
1 Teelöffelspitze Paprikapulver,
edelsüß

2 Teelöffelspitzen Chilipulver,
Schärfegrad 6
Salz
Schnittlauch nach Belieben

Falls verwendet, Tiefkühlbeeren auftauen.

Frische Beeren vom Grün befreien und alle Zutaten bis auf den Schnittlauch im Mixer zu einer cremigen Suppe verarbeiten. Schnittlauch klein schneiden und nach Belieben über die bereits angerichtete Gazpacho streuen.

Torten, Kuchen und Pralinen

Gesunde Fette

Rohkosttorten

Kokosmus

Kokosöl

`Kokosöl` ist nicht nur eines der gesündesten und nährstoffreichsten Fette, darüber hinaus vereint es noch weitere Vorteile in sich: Es verbessert die Aufnahme von Vitaminen und Mineralstoffen im Körper. Daneben wirkt es nachweislich gegen Bakterien, Viren und Pilze. Es normalisiert die Körperfettwerte. Und es schmeckt einfach köstlich. Kokosöl leistet außerdem als Pflegeprodukt in der Kosmetik wertvolle Dienste. Es ist ein reines Naturprodukt, das Haut, Haare und Nägel schützt und sie mit Nährstoffen versorgt.

Für die Rohkosttorten benötigen wir `Kokosmus` und `Kokosöl` immer in flüssiger Form. Deswegen empfiehlt es sich, sie in einem vorbereitenden Schritt zu schmelzen. Dazu kann man das Öl oder Mus entweder ins Dörrgerät stellen oder im Ofen bei geöffneter Tür, im Wasserbad oder auf der Heizung erwärmen. Ab einer Temperatur von ca. 25 °C werden Kokosöl und Kokosmus flüssig. Vor der Verwendung von `Kokosmus` sollte man es kurz schütteln oder durchrühren, da sich das `Kokosöl` oben absetzt. Wir schmelzen das Öl und das Mus immer komplett im Glas, so lassen sie sich später einfacher entnehmen und dosieren.

Coconut-Kiss-Tartes

↳ für 1 Springform (24-26 mm Durchmesser)

ZUTATEN:

Boden:

Nussfrei:
180 g Erdmandeln
150 g Datteln
1 Teelöffelspitze Vanillepulver

Mit Nuss:
130 g Cashewkerne
70 g Mandeln
150 g Datteln

Dunkler Boden:
+ 3 TL Carob-Pulver
+ 1 Teelöffelspitze Zimt (Ceylon)

Füllungen:
Cherry Kiss: 600 g Kirschen
Raspberry Kiss: 700 g Himbeeren
Strawberry Kiss: 600 g Erdbeeren
Woodberry Kiss: 600 g Beeren-Mix
(jeweils tiefgefroren oder frisch)
1 Teelöffelspitze Vanillepulver
1 EL Agavensaft
300 g Kokosmus
Banana Kiss: 600 g geschälte Bananen
1 TL Maca-Pulver
1 TL Vanillepulver
200 g Kokosmus

Schokoglasur:
40 g Kokosöl
1 EL Carob-Pulver
1 Teelöffelspitze Zimt (Ceylon)
1 Teelöffelspitze Vanillepulver
½ TL Maca-Pulver

Cashewkerne für 2–3 Stunden, Mandeln und Erdmandeln für 6–8 Stunden einweichen Tiefgekühlte Beeren auftauen.

Coconut-Kiss-Tartes

Für den **Boden** die eingeweichten Nüsse abtropfen lassen und in der Küchenmaschine fein hacken. Datteln ebenfalls in der Küchenmaschine zerkleinern, bis eine klebrige Masse entsteht. Zusammen mit den restlichen Zutaten mit den Händen zu einem Teig verkneten. Backpapier in die Kuchenform einspannen. Den Teig grob, aber gleichmäßig zerbröseln und auf dem Boden verteilen, anschließend festdrücken und einen geschlossenen ebenen Boden formen.

Für die **Füllung** Kokosmus schmelzen. Je nach Variante die aufgetauten Beeren oder die Bananen zusammen mit den restlichen Zutaten bis auf das Kokosmus im Mixer glatt pürieren. Die Creme in eine Schüssel geben. Bei Himbeeren und Waldbeeren die Masse in die Schüssel sieben, um die Kerne herauszufiltern. Das geschmolzene Kokosmus langsam zugeben und direkt mit dem Schneebesen zu einer feinen Creme verrühren. Es kann passieren, dass die Masse zu klumpen beginnt und sich schwer rühren lässt – dann das Rühren nicht unterbrechen, sondern mit dem Schneebesen zügig mit mehr Kraft weiterarbeiten. Damit das Kokosmus nicht zu schnell erkaltet, ist es hilfreich, die Schüssel vorher etwas zu erwärmen. Die fertige Füllung nun gleichmäßig auf dem Kuchenboden verteilen. Die Torte für ca. 4–6 Stunden im Kühlschrank ruhen lassen.

Für die **Schokoglasur** das Kokosöl schmelzen. Carob-, Zimt- und Vanillepulver in eine Schüssel sieben und zusammen mit den restlichen Zutaten mit einem Schneebesen zu einer cremigen Schokolade verarbeiten. Die Schokoladensoße auf die fest gewordene Füllschicht geben und rasch durch Schwenken der Form gleichmäßig verteilen. Die Tarte in den Kühlschrank stellen, bis die Schokolade erstarrt ist (nach ca. 1 Minute). Anschließend das Maca-Pulver über die Schokolade sieben.

paradise cake

↳ für 1 Springform (24-26 mm Durchmesser)

ZUTATEN:

Boden:
180 g Erdmandeln
150 g Datteln
3 TL Carob-Pulver
1 Teelöffelspitze Vanillepulver

Füllung:
250 g Cashewkerne
7 Mandarinen

400 ml Wasser
Geriebene Schale von ½ Zitrone
1 TL Vanillepulver
3 EL Agavendicksaft
2 TL Zitronensaft
250 g Kokosmus

Topping:
1 EL Kokosraspeln
Geriebene Schale von ½ Zitrone

Erdmandeln ca. 6–8 Stunden, Cashewkerne ca. 2–3 Stunden einweichen.

Für den **Boden** die Erdmandeln abtropfen lassen und in der Küchenmaschine fein mahlen. Ansonsten wie im vorigen Rezept (S. 109) vorgehen.

Für die **Füllung** Kokosmus schmelzen. Mandarinen schälen. Die einzelnen Mandarinenstücke ggf. von den Kernen befreien und kreisförmig auf dem Tortenboden verteilen. Cashewkerne abtropfen lassen und zusammen mit dem Wasser, dem Zitronensaft, dem Agavendicksaft und der Vanille im Mixer zu einer Creme verarbeiten. Anschließend die Zitronenschale hineinreiben und unterheben. Die Creme in einer Schüssel zusammen mit dem geschmolzenen Kokosmus mit dem Schneebesen verrühren. Die Masse gleichmäßig in der Kuchenform verteilen.

Für das **Topping** die Zitronenschale über die Füllung raspeln. Kokosflocken über der Füllung verteilen und die Torte anschließend für ca. 6 Stunden im Kühlschrank ruhen lassen.

TORTEN, KUCHEN UND PRALINEN | 111

Unser Tipp
Als Piñacolada-Variante anstatt der Mandarinen und dem Wasser Ananasstücke und Ananassaft verwenden.

Unser Tipp

Sein volles Aroma entfaltet das Tirawmisu, wenn man es über Nacht durchziehen lässt.

Tirawmisu

↳ für 1 Auflaufform (ca. 33 cm Diagonale) oder 1 Springform (24-26 mm Durchmesser)

ZUTATEN:

Boden:
150 g Cashewkerne
70 g Mandeln
200 g Datteln

Schokoschicht:
125 g Cashewkerne
3 TL Carob-Pulver
½ TL Zimt
1 Tasse Kokoswasser von
1 jungen Kokosnuss (ca. 140 g)
80 g flüssiges Kokosöl

Vanilleschicht:
225 g Cashewkerne
Fleisch von 1 jungen Kokosnuss (ca. 130 g)
1–1½ Tassen Kokoswasser von 1 jungen Kokosnuss (ca. 180 g)
1 TL Vanillepulver
1 EL Agavendicksaft
¾ Tasse flüssiges Kokosöl (ca. 130 g)

Topping:
1 EL Carob-Pulver
1 TL Zimt

Cashewkerne für 2-3 Stunden und Mandeln für 6–8 Stunden einweichen.

Für den **Boden** die eingeweichten Cashewkerne und Mandeln in der Küchenmaschine fein mahlen. Datteln ebenfalls zerkleinern, bis eine klebrige Masse entsteht. Alles zusammen zu einem Teig verkneten und in einer Auflauf- oder Springform zu einem gleichmäßigen Boden andrücken.

Für die **Schokoschicht** das Kokosöl schmelzen. Die Cashewkerne abtropfen lassen und mit den restlichen Zutaten bis auf das Kokosöl im Mixer zu einer feinen Creme verarbeiten. Dann bei niedriger Mixergeschwindigkeit das flüssige Kokosöl zugeben. Creme anschließend gleichmäßig über den Kuchenboden verteilen. Danach für 10 Minuten ins Gefrierfach stellen.

Die **Vanilleschicht** nach den Angaben für die Schokoschicht herstellen.

Die Zutaten für das **Topping** in einer Schüssel vermengen. Die Form aus dem Gefrierfach holen und mit einem Sieb die Carob-Zimt-Mischung gleichmäßig über die Vanilleschicht sieben.

Das Tirawmisu anschließend für mindestens 2 Stunden im Kühlschrank ruhen lassen.

Kokosnuss knacken

Wie jede andere Frucht hat die Kokosnuss verschiedene Reifegrade. Aus dem Supermarkt kennen wir die vollreife braune Frucht mit der harten Schale und den charakteristischen bastartigen Fasern. Besser geeignet für die Rohkostküche ist aber die weniger bekannte, auch Pagode genannte junge Kokosnuss, die meist in Asialäden angeboten wird.

Pagode – Liebling der Rokostküche

Auf den ersten Blick ist die Pagode kleiner und heller als ihr reifes Pendant. Aber es sind besonders die „inneren Werte", die die junge Kokosnuss für die Rohkostküche wie geschaffen machen. Zum einen enthält sie ungefähr dreimal so viel Wasser wie eine reife Kokosnuss (ca. 300–500 ml statt ca. 50–100 ml), und dieses Wasser schmeckt erfrischender, während das der reifen Frucht süßer ist. Das Fruchtfleisch der jungen Nuss, das einen fruchtig-milden Geschmack hat, ist zudem weich und flexibel und lässt sich ohne Mühe mit einem Löffel herauslösen. Dagegen ist das Fruchtfleisch der reifen Nuss dicker und fester und lässt sich schwerer entnehmen. Es schmeckt zudem fettiger und süßer.

Das große Plus der jungen Kokosnuss ist ihr hoher Gehalt an Kokoswasser, das in der Rohkostküche eine wichtige Zutat ist. Außerdem lässt sich das weiche Fruchtfleisch sehr gut im Mixer verarbeiten.
Aber warum sieht die junge Kokosnuss so anders aus und ist so seltsam geformt? Das liegt an der besonderen Verarbeitung. Wenn die Kokosnuss von der Palme geerntet wird, hat sie ungefähr die Größe eines menschlichen Kopfes und besitzt eine grüne Schale. Um sie für den Transport vorzubereiten, wird sie noch in den Ursprungsländern geschält. Dabei wird die junge Kokosnuss bis auf die mittlere Schale (eine holzig weiße Faserschicht) zugespitzt. In dieser Form finden wir sie oft in Asialäden. Mit zunehmender Reife schwillt die Kokosnuss an und die Menge an Fruchtfleisch nimmt zu. Reife Kokosnüsse werden daher bis auf die innere Schale geschält. Das ist der Grund, warum wir als Kokosnuss meist nur die braune, holzige und runde reife Frucht kennen. Entfernt man das weiße Fasermaterial der jungen Kokosnuss komplett, kommt auch bei ihr die eigentliche Steinfrucht zum Vorschein.

Öffnen der Kokosnuss

Arbeitsschritt 3
Jetzt lässt sich der Deckel abnehmen und das Wasser kann abgeschöpft und die Kokosnuss halbiert werden. Das Kokosfleisch kann man nun problemlos herauslösen.

Arbeitsschritt 1
Zuerst schält man die Spitze der Kokosnuss mit dem Hackmesser.

Arbeitsschritt 2
Dann wird kreisförmig mit der hinteren Ecke des Messers ein Deckel in die Kokosnuss geschlagen.

Ist die junge Kokosnuss bereits vollständig geschält, lässt sie sich ganz einfach öffnen. Dazu eines der drei Keimlöcher mit einem Messer oder einem spitzen Gegenstand durchstechen. Danach kann man das Kokoswasser auffangen und die Kokosnuss mit einem Messer oder Hammer (Spitze) entlang des Äquators anschlagen und aufbrechen.

TORTEN, KUCHEN UND PRALINEN | 117

Black Ninja

↳ für 1 flexible Brownie-Backform bzw. 12 Brownies

Zutaten:

260 g Mandeln
200 g entsteinte Deglet-Nour-Datteln
60 g Carob-Pulver
plus etwas mehr zum Wenden

1 TL Zimt (Ceylon)
1 TL Maca-Pulver
1 Tl Vanillepulver
30 g Kokosöl

Die Mandeln ca. 6–8 Stunden einweichen.

Das Kokosöl schmelzen. Mandeln abtropfen lassen und in der Küchenmaschine oder einem Zerkleinerer fein mahlen. Datteln ebenfalls in der Küchenmaschine zerkleinern. Flüssiges Kokosöl und die restlichen Zutaten zur Teigmasse hinzufügen. Mit den Händen gut durchkneten und zu einem glatten Teig verarbeiten.

Den Teig in die Formen drücken und für ca. 2 Stunden im Kühlschrank ruhen lassen. Anschließend die Brownies vorsichtig aus der Form lösen und in Carob-Pulver wälzen.

Green Samurai

→ für 1 flexible Brownie-Backform bzw. 12 Brownies

ZUTATEN:

Teig:
260 g Mandeln
120 g Medjool-Datteln
40 g Mandelmus
40 g Kokosmus
1 TL Vanillepulver
2 EL Agavendicksaft

Schokoglasur:
3 EL Matcha Horai
1 TL Carob-Pulver
30 g Kokosöl
1 TL Agavendicksaft

Die Mandeln ca. 6–8 Stunden einweichen.

Für den **Teig** Kokosmus schmelzen. Mandeln abtropfen lassen und in der Küchenmaschine oder einem Zerkleinerer fein mahlen. Zusammen mit den restlichen Zutaten von Hand gut durchkneten und zu einem glatten Teig verarbeiten. Den Teig in die Formen drücken und für ca. 2 Stunden im Kühlschrank ruhen lassen. In der Zwischenzeit das Topping herstellen und den Matcha zum Wenden in eine Schüssel sieben.

Für die **Schokoglasur** das Kokosöl schmelzen. Carob-Pulver in eine Schüssel sieben, Agavendicksaft und flüssiges Kokosöl zugeben und mit einem Schneebesen zu einer feinen Schokolade verrühren.

Brownies vorsichtig aus der Form lösen und in Matcha wenden, anschließend entlang der Prägung mit flüssiger Schokolade verzieren. Wenn keine Prägung vorhanden ist, kann man auch dünne Schokofäden über die Brownies ziehen.

Chai Warrior

> für 1 flexible Brownie-Backform bzw. 12 Brownies

ZUTATEN:

Teig:
260 g Mandeln
200 g getrocknete Pflaumen
60 g Carob-Pulver
30 g Kokosöl
½ TL Piment
1 Teelöffelspitze Kardamon, gemahlen
1 Teelöffelspitze Anis, gemahlen
½ TL Vanillepulver
½ TL Zimt (Ceylon)
1 Teelöffelspitze Nelken, gemahlen

Schokoglasur:
10 g Carob-Pulver
1 TL Maca-Pulver
1 Teelöffelspitze Zimt, gemahlen
1 Teelöffelspitze Vanillepulver
2 EL Mandelmus
1 EL Agavendicksaft
30 g Kakaobutter
25 g Kokosöl

Die Mandeln ca. 6–8 Stunden einweichen.

Für den **Teig** Kokosöl schmelzen. Mandeln abtropfen lassen und in der Küchenmaschine oder einem Zerkleinerer fein mahlen. Pflaumen ebenfalls in der Küchenmaschine verarbeiten. Flüssiges Kokosöl und die restlichen Zutaten der Teigmasse zugeben. Gut durchmengen und zu einem glatten Teig kneten. Diesen in die Formen drücken und für ca. 2 Stunden im Kühlschrank ruhen lassen.

In der Zwischenzeit die **Schokoglasur** herstellen. Dafür Kokosöl und Kakaobutter schmelzen. Carob-, Maca-, Zimt- und Vanillepulver in eine Schüssel sieben. Die restlichen Zutaten hinzufügen und mit einem Schneebesen zu einer feinen Schokoladenmasse verarbeiten.

Ein Backblech mit Backpapier auskleiden und einen Gitterrost hineinstellen. Die Gewürzkuchen vorsichtig aus der Form lösen und auf den Gitterrost legen. Anschließend die Schokolade mit einem kleinen Löffel über die Gewürzkuchen verteilen. Danach in den Kühlschrank stellen, bis die Schokolade fest geworden ist. Die Gewürzkuchen vom Rost lösen und den Boden der Kuchen leicht in Carob-Pulver drücken.

Kokos-Maca-Herzen

↳ für 1 Pralinenform 150 g bzw. 15 Pralinen

ZUTATEN:

70 g Kokosmus
40 g Mandelmus
30 g Agavendicksaft
10 g Maca-Pulver

Kokosmus schmelzen. Mandelmus, Agavendicksaft und Kokosmus in einer Schüssel vermengen. Maca-Pulver hineinsieben. Anschließend alles gut vermischen. Die Masse in die Form geben und für ca. 30 Minuten im Kühlschrank erkalten lassen. Pralinen im Kühlschrank lagern.

Nougatkonfekt

↳ für 1 Pralinenform 150 g bzw. 15 Pralinen

ZUTATEN:

40 g Kokosöl
60 g Haselnussmus
15 g Mandelmus
20 g Agavendicksaft
10 g Carob-Pulver
½ TL Zimt
1 TL Vanillepulver

Kokosöl schmelzen. Haselnussmus, Mandelmus, Agavendicksaft und Kokosöl mit dem Schneebesen in einer Schüssel gut verrühren. Carob-, Zimt- und Vanillepulver hineinsieben und unterrühren, so dass keine Klumpen entstehen. Die Masse in die einzelnen Formen füllen und für ca. 30 Minuten ins Gefrierfach stellen. Pralinen aus der Form lösen und in einer Frischhaltebox im Kühlschrank lagern.

Unser Tipp

Als Variante kann man die Rohghurtmasse in Pralinen- oder Schokoladenformen füllen.

Rohgurette

↳ für 12-14 Stück

ZUTATEN:

Rohghurtmasse:
150 g Erdbeeren, tiefgefroren oder frisch
50 g entkernte Kirschen, tiefgefroren oder frisch
150 g Kokosmus
1 TL Maca-Pulver
2 EL Agavensaft
1 Teelöffelspitze Vanillepulver

Schokoglasur:
60 g Kokosöl
40 g Kokosmus
1 EL Mandelmus
2 EL Agavendicksaft
1 Teelöffelspitze Vanillepulver
2 EL Carob-Pulver
2 TL Kakao

Falls verwendet, tiefgekühlte Beeren auftauen.

Für die **Rohghurtmasse** Kokosmus schmelzen. Kirschen und Erdbeeren im Mixer zusammen mit Agavendicksaft sowie Maca- und Vanillepulver zu einer feinen Creme verarbeiten. Diese in eine Schüssel geben, Kokosmus hinzufügen und gut vermengen. Ein Stück Haushaltsfolie abrollen und ausbreiten. Die Masse mit einem Löffel auf der Folie verteilen, so dass sich ein 2–3 cm dicker Streifen ergibt. Die Masse mit der Folie einrollen, dabei die Enden zusammendrücken. Jetzt kann eine Schokoladenriegelform modelliert werden. Anschließend im Kühlschrank für 1–1,5 Stunden kalt stellen.

Für die **Schokoglasur** Kokosmus und Kokosöl schmelzen. Das Mandelmus zusammen mit dem geschmolzenen Kokosöl, dem Kokosmus und dem Agavendicksaft in eine Schüssel geben und mit einem Schneebesen vermengen. Carob-, Kakao- und Vanillepulver einsieben und alles zu einer zähflüssigen Schokolade verrühren. Den erkalteten Riegel auswickeln, in die gewünschte Größe teilen und die einzelnen Riegel in der Schokolade wälzen. Zum Abtropfen auf einen Rost legen. Diesen dazu in ein Backblech stellen, damit die flüssige Schokolade gut abfließen kann. Für ca. 20 Minuten in den Kühlschrank stellen.

Fruit-Choc-Rolls

↳ für ca. 50 Stück oder 350 g

ZUTATEN:

Fruchtleder:
5–6 Bananen (ca. 600 g)
1 große Mango (ca. 600 g)
1 TL Vanillepulver

Schokocreme:
20 g Kokosöl
40 g Kakaobutter
1 EL Mandelmus
1 TL Apfeldicksaft
40 g Carob-Pulver
20 g Kakao
1 Teelöffelspitze Zimt

Für das **Fruchtleder** alle Zutaten zusammen im Mixer zu einer Creme verarbeiten. Anschließend je eine Schöpfkelle voll in die Mitte eines Dörrblechs (Dörrgitter mit Dörrfolie) gießen. Mit einem Spatel oder dem Rücken eines Esslöffels die Creme zu einem dünnen, tellergroßen Pfannkuchen ausstreichen. Danach für ca. 10–12 Stunden im Dörrgerät bei 40 °C trocknen. Die Pfannkuchen nicht wenden!

Für die **Schokocreme** Kokosöl und Kakaobutter schmelzen. Carob-Pulver und Kakao in eine Schüssel sieben und zusammen mit den restlichen Zutaten mit dem Schneebesen verrühren, bis eine dickflüssige, feine Schokoladensoße entsteht.

Die getrockneten Fruchtleder von den Dörrfolien abziehen. Auf jeden Fruchtfladen ein bis zwei Esslöffel von der Schokolade geben und gleichmäßig ausstreichen, bis der gesamte Fladen bedeckt ist. Jetzt die einzelnen Fladen einrollen, auf einen Teller legen und für ungefähr 30 Minuten in den Kühlschrank stellen, bis die Schokolade fest geworden ist. Anschließend die Rollen in kleinere, ca. 2–3 cm breite Röllchen schneiden.

Desserts

Ideal zum Süßen wäre ein natürlicher Zucker, der wenig raffiniert wurde und daher noch seine Vitamine und Begleitnährstoffe besitzt. Diese gesunde Alternative gibt es tatsächlich: `Fruchtzucker`. Am effektivsten süßt man mit der natürlichen Süße von Früchten. Deshalb verwenden wir in vielen Rezepten getrocknete Datteln oder Feigen. Diese Früchte haben eine höhere Zuckerkonzentration, da sie beim Trocknen ihren Wasseranteil verloren haben. Trockenfrüchte bekommt man problemlos in `Rohkostqualität`.

Es gibt auch flüssige Zuckerkonzentrate zum Süßen, auf die wir ebenfalls zurückgreifen. Ein Klassiker ist der `Agavendicksaft` – das pflanzliche Pendant zum Honig. Auch Agavendicksaft gibt es in `Rohkostqualität`. Sein Vorteil: Er ist 1,4-mal süßer als weißer Zucker, man braucht also deutlich weniger, um dieselbe Süße zu erhalten. Er wird aus der Agave, einem Kaktus, gewonnen. Ebenfalls in `Rohkostqualität` gibt es Apfeldicksaft, die natürliche Süße, die aus Äpfeln extrahiert wird. Sein Vorteil gegenüber `Agavendicksaft`: Er kann regional hergestellt werden. Außerdem besitzt er neben der Fruktose alle wichtigen Begleitnährstoffe.

Panna-Coco-Creme

↳ für 2 Personen

Zutaten:

Rote Schicht:
300 g Erdbeeren,
frisch oder tiefgefroren
2 Medjool-Datteln
1 TL Açai-Pulver

Weiße Schicht:
Fleisch einer jungen Kokosnuss
(ca. 100 g)

½ Tasse Kokoswasser (ca. 130 g)
130 g Cashewkerne
1 Vanilleschote
3 EL Agavendicksaft

Garnierung:
Blaubeeren, Pekannuss und
Erdbeeren nach Belieben

Cashewkerne für ca. 2,5–3 Stunden einweichen, Tiefkühlbeeren auftauen.

Für die **rote Schicht** Datteln entkernen und zusammen mit den Erdbeeren und dem Açai-Pulver im Mixer zu einer Creme verarbeiten.

Für die **weiße Schicht** die junge Kokosnuss öffnen, Kokoswasser auffangen und Fruchtfleisch herauslösen. Cashewkerne abtropfen lassen und zusammen mit den restlichen Zutaten im Mixer zu einer Creme verarbeiten.

Nun die beiden Schichten abwechselnd in Gläser oder Dessertschüsseln schichten. Zum Schluss nach Belieben mit Beeren und Pekannüssen garnieren.

Unser Tipp
Das Dessert ist auch geschichtet in einem Glas ein toller Hingucker.

Mousse au Chocolat mit Birnen an Mangosoße

↳ für 2 Personen

ZUTATEN:

Fleisch von zwei jungen
Kokosnüssen (ca. 250 g)
2 TL Carob-Pulver
2 TL Kakao
3 EL Agavendicksaft
¼ TL Vanillepulver

¼ TL Zimt (Ceylon)
4 EL Kokoswasser
2 kleine Birnen (à ca. 80 g)
1 große, vollreife Mango (Kent)
(ca. 200 g reines Fruchtfleisch)
2 Dessertringe, 8 cm Durchmesser

Die Kokosnüsse öffnen und das enthaltene Wasser auffangen. Dann die Kokosnüsse halbieren und das Fleisch mit einem Löffel ablösen. Das Kokosfleisch von Schalenresten befreien und zusammen mit Carob-Pulver, Kakao, Agavendicksaft, Vanillepulver, Zimt und 4 EL Kokoswasser im Mixer zu einer feinen Creme verarbeiten.

Die Birnen waschen, halbieren, entkernen und in dünne Scheiben schneiden. Mit den Scheiben die Dessertringe innen auskleiden. Anschließend die Ringe mit der Mousse befüllen. Das Fruchtfleisch der Mango im Mixer zu einer cremigen Soße mixen und um die Dessertringe verteilen. Die übrige Birne in kleine Stücke schneiden und zur Verzierung auf den Tellern verteilen.

Den Dessertring erst kurz vor dem Verzehr vorsichtig abziehen, dabei gegebenenfalls die Birnenstücke etwas nach unten drücken.

Holy Fruit Bowl

↳ für 2 Personen

ZUTATEN:

250 g Erdbeeren
4 Kiwi (ca. 300 g)
1 Mango (ca. 300 g)
1 Papaya „Solo" (ca. 350 g)
1 TL Mandelmus
1 Teelöffelspitze Vanillepulver
Saft einer Limette

Die Erdbeeren waschen und klein schneiden. Kiwi und Mango schälen und ebenfalls klein schneiden. Erdbeeren-, Kiwi- und Mangostücke in einer Schüssel mischen. Die Papaya schälen, entkernen und zusammen mit dem Mandelmus, der Vanille und dem Limettensaft im Mixer zu einer feinen Soße pürieren. Die Soße über die Früchte geben und unterheben.

DESSERTS | 133

Unser Tipp

Sehr erfrischend wird dieser Obstsalat, wenn man die Papaya vorher eine halbe Stunde in den Kühlschrank legt. Perfekt für heiße Sommertage.

Chiamilchreis mit Heidelbeerfüllung

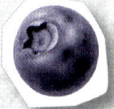

↳ für 2 Tassen oder kleine Einmachgläser

ZUTATEN:

Mandelmilchreis:
6 EL Chiasamen
2 EL Mandelmus
2 EL Agavendicksaft
250 ml Wasser

Heidelbeer-Füllung:
250 g Heidelbeeren,
frisch oder tiefgekühlt
2 EL Agavendicksaft
½ TL Vanillepulver

Falls verwendet, Tiefkühlbeeren auftauen.

Für den **Chiamilchreis** je nach gewünschter Geschmacksrichtung alle Zutaten bis auf die Chiasamen im Mixer zu einer Milch verarbeiten. Die Milch in ein Gefäß füllen und die Chiasamen zugeben. Das Ganze gut verrühren und für ca. 20 Minuten ziehen lassen. Die Samen quellen ziemlich schnell und neigen zum Verklumpen. Deshalb die Masse öfter umrühren.

Alle Zutaten für die **Heidelbeerfüllung** zusammen im Mixer zu einer Creme verarbeiten.

Varianten:
Vanilla Taste: 1 TL Maca-Pulver + ½ TL Vanillepulver
Schoko Flavour: 1 TL Carob-Pulver + ½ TL Zimt

Etwa jeweils 2 Esslöffel von dem Chiamilchreis in jedes Glas füllen. Die Heidelbeercreme zu gleichen Teilen darüberschichten und für ca. 5 Minuten stehen lassen. Dann in beiden Gläsern den restlichen Chiareis über der Heidelbeerschicht verteilen.

Softeis

↳ für ca. 200 g pro Sorte

Zutaten:

Geschmacksrichtung Banane:
200 g gefrorene Bananen
½ TL Vanillepulver
3 Eiswürfel

Geschmacksrichtung Schoko:
200 g gefrorene Bananen
½ TL Vanillepulver
2 TL Kakao
2 TL Carob-Pulver
3 Eiswürfel
2 TL Agavendicksaft

Die Bananen schälen und in groben Stücken einfrieren.

Gefrorene Bananenstücke mit den übrigen Zutaten im Mixer zu einer glatten Masse verarbeiten. Sofort verzehren.

Unser Tipp

Die Bananeneiscreme kann nach Belieben durch Zugabe von frischen oder tiefgekühlten Beeren abgewandelt werden. So gelingt im Nu Erdbeer-, Himbeer- oder jedes andere Beereneis.

Smoothies, Shakes und Cocktails

Gemüse
Wildkräuter
Obst

Ballaststoffe

Frische Säfte

Frisch zubereitete rohe `Smoothies` und `Säfte` sind die pure Gesundheit in Flüssigform. Sie enthalten neben einer Fülle von Antioxidantien, Vitaminen und Mineralstoffen die gesamten aktiven Enzyme aus dem Obst und Gemüse. Smoothies beinhalten im Gegensatz zu Säften auch noch die wichtigen `Ballaststoffe`. Sie sind nicht nur im Sommer die perfekte Erfrischung, sondern das gesamte Jahr über ein toller Nährstofflieferant, der uns mit ausreichend Energie für den Sport versorgt und eine prima Bereicherung für eine gesunde Ernährung ist.

`Frische Säfte` sind mit abgepackten Säften nicht zu vergleichen. Nicht nur geschmacklich schneiden frische Säfte besser ab. Abgepackte Säfte werden außerdem pasteurisiert und verlieren so ihre wichtigen Nährstoffe. Häufig versetzt man sie dann mit Zucker, um den Geschmack wiederherzustellen. Viele Säfte sind auch nicht vegan, da sie bei der Verarbeitung mit Gelatine geklärt werden. Das Gleiche gilt für Smoothies: Ein selbst gemachter frischer `Smoothie` ist nicht nur gesünder als sein Pendant aus dem Supermarkt, er ist auch schmackhafter und günstiger. `Smoothies` oder `Säfte` eignen sich auch gut für unterwegs. Man sollte sie dann aber unbedingt in einer Glasflasche transportieren.

140 | SMOOTHIES, SHAKES UND COCKTAILS

Grüne Fee

Atlantis

Atlantis

↳ für ca. 500 ml

Grüne Fee

↳ für ca. 500 ml

ZUTATEN:

2 Handvoll Spinat
1 TL Chlorella
125 g Heidelbeeren
1 Banane
2 Medjool-Datteln
300 ml Wasser

ZUTATEN:

6 Blatt Kopfsalat
1 Handvoll Feldsalat
400 g Weintrauben
1 Birne
100 ml Wasser

Als Erstes die Früchte zusammen mit dem Wasser und ggf. den Trockenfrüchten im Mixer grob mixen. Anschließend das Grün hinzufügen. Für Atlantis an dieser Stelle auch das Chlorella-Pulver zugeben. Alles zusammen im Mixer bei höchster Geschwindigkeit so lange mixen, bis ein cremiger Smoothie entsteht. Je nachdem, wie flüssig der Smoothie werden soll, mehr oder weniger Wasser zugeben.

Grüne Smoothies

Ein grüner Smoothie besteht zur einen Hälfte aus frischem Obst, zur anderen aus grünen Blattsalaten, Wildkräutern, etwas Wasser und Gewürzen nach Belieben. Der Grundgedanke des grünen Smoothies ist ganz einfach: Wir stellen unserem Körper eine schon gut aufgeschlossene Nährstoffmischung zur Verfügung und können dadurch eine optimale Menge an Nährstoffen aus den Lebensmitteln verwerten. Durch das Mixen der Zutaten werden die Inhaltsstoffe aufgebrochen und stehen dem Körper daher schneller zur Verfügung. Im Endeffekt erhöhen wir durch die Zubereitung des Smoothies die Bioverfügbarkeit der einzelnen Zutaten. Der Begriff „Bioverfügbarkeit" beschreibt die tatsächlich verwertbare Menge an Nährstoffen aus der zugeführten Nahrung. Ein grüner Smoothie ist eine Power-Mahlzeit, die wir uns einmal am Tag gönnen sollten. Aber muss es immer ein grüner Smoothie sein? Nicht unbedingt. Man kann natürlich auch reine Fruchtsmoothies zu sich nehmen. Das Grüne im Smoothie gibt uns jedoch ein Plus an Mineralstoffen, Spurenelementen, Vitaminen, lebendigen Enzymen, Antioxidantien und vor allem Chlorophyll.

Jungbrunnen Chlorophyll

Die Eigenschaften von Chlorophyll, dem Farbstoff, mit dem grüne Pflanzen Photosynthese betreiben, sind so beeindruckend, dass es Bestandteil jeder gesunden Ernährung sein sollte. Der Farbstoff unseres Blutes, das Hämoglobin, ist trotz seiner roten Farbe in seiner Struktur fast identisch mit dem Chlorophyll. Aufgrund dieser Ähnlichkeit wirkt Chlorophyll auch blutbildend und -reinigend. Es schützt uns vor krebserregenden Stoffen und freien Radikalen. Zudem verlangsamt es den Alterungsprozess und hält unsere Zellen jung. Chlorophyll wirkt sich auch positiv auf unseren Körpergeruch aus, da es die Eigenschaft besitzt, schlechte Gerüche zu binden. Grüne Pflanzen sind optimal vor UV-Strahlung geschützt. Selbst an sehr heißen Sommertagen mit mehr als neun Sonnenstunden werden sie nicht welk. Wenn wir regelmäßig chlorophyllhaltige Lebensmittel zu uns nehmen, können wir unseren körpereigenen Sonnenschutz spürbar verbessern. Die Natur schenkt uns mit Wildkräutern Chlorophyll in großen Mengen. Mit ihnen kann man jeden Smoothie oder Salat und sogar Suppen verfeinern.

Chlorophyll im Winter?

Wildkräuter sind nährstoffreicher und enthalten mehr Chlorophyll als gezüchtete Blattsalate. In der Natur bekommen wir sie kostenlos und außerdem zu jeder Jahreszeit. Denn trotz Kälte und Schnee wachsen sie auch im Winter. Zu den Winterkräutern zählen zum Beispiel Postelein oder Vogelmiere. Allerdings wachsen Wildkräuter im Winter langsamer, und sie sind dann kleiner und schwerer zu finden. Deshalb kann man sich bereits im Sommer einen Vorrat für die Wintermonate anlegen. Eingefroren oder in der Sonne getrocknet und zu Pulver verarbeitet, sind sie natürlich nicht mehr ganz so nährstoffreich, stellen aber immer noch eine gute Nahrungs- und Geschmacksergänzung dar. Getrocknete Wildkräuter bewahrt man am besten in einem lichtundurchlässigen Glas auf. So kann man seine Smoothies auch zu kalten Jahreszeiten aufpeppen und dem eigenen Immunsystem etwas Gutes tun.

Das gesunde Plus – in Wildkräutern

Wildkräuter sind ein wahres Geschenk der Natur. Sie
- stärken nachweislich unser Immunsystem
- sind reich an Vitaminen und Mineralstoffen
- versorgen uns mit Energie
- haben eine reinigende und heilende Wirkung
- besitzen ein hervorragendes Aminosäureprofil
- sind besonders reich an Chlorophyll
- sind kostenlos in der Natur verfügbar.

SMOOTHIES, SHAKES UND COCKTAILS | 145

Wiesentraum

↳ für ca. 500 ml

ZUTATEN:

1 Handvoll Löwenzahn
½ Handvoll Petersilie
1 TL Kamutgras-Pulver
2 große Bananen
1 Medjool-Dattel
200 ml Wasser

Green Power

↳ für ca. 500 ml

ZUTATEN:

1 Handvoll Brennnessel
1 Handvoll Rucola
1 ca. 1 cm großes Stück Ingwer
1 große oder 2 kleinere Mangos
1 Medjool-Dattel
300 ml Wasser

Energizer

↳ für ca. 500 ml

ZUTATEN:

1 Handvoll Giersch
6 Blätter Romanasalat
1 TL Gerstengras
1 Teelöffelspitze Vanillepulver
2 mittelgroße Äpfel
2 getrocknete Feigen
200 ml Wasser

Als Erstes die Früchte zusammen mit dem Wasser und ggf. den Trockenfrüchten im Mixer grob mixen. Anschließend das Grün hinzufügen. Für Wiesentraum und Energizer an dieser Stelle auch das Kamutgras- und Vanillepulver zugeben. Alles zusammen im Mixer bei höchster Geschwindigkeit so lange mixen, bis ein cremiger Smoothie entsteht. Je nachdem, wie flüssig der Smoothie werden soll, mehr oder weniger Wasser zugeben. Genießen!

Superfoods

Ein Superfood ist ein Lebensmittel, das sehr viele verschiedene Nährstoffe, einen Nährstoff in besonders hoher Konzentration oder eine Vielzahl von Antioxidantien enthält. Meistens ist es eine Kombination aus diesen Eigenschaften. Die Nähr- und Vitalstoffe eines Superfoods haben eine hohe Bioverfügbarkeit. Ein Superfood kann zusätzlich eine heilende, reinigende oder entschlackende Wirkung besitzen, unseren Stoffwechsel unterstützen oder den Hormonhaushalt ausgleichen. Wo finden wir Superfoods?

Die besten Superfoods finden wir kostenlos in der freien Natur. Dazu gehören vor allem Wildkräuter, sonnengereiftes Obst und frische Beeren. Kein getrocknetes Pulver oder abgepacktes Superfood besitzt eine vergleichbare Qualität, auch wenn getrocknete Superfoods eine gute Nahrungsergänzung abgeben. Gerade im Winter, wenn das Früchteangebot geringer ausfällt und nur wenige Wildkräuter verfügbar sind, können wir damit unsere Nährstoffspeicher auffüllen. Dazu können wir schon im Sommer frische Wildkräuter sammeln und trocknen. Zu Pulver verarbeitet, sind sie ideal als Zugabe für grüne Smoothies. Es gibt jedoch auch exotische Superfoods in Pulverform mit ganz hervorragenden Eigenschaften.

Chlorella

Diese einzellige Süßwasseralge hat eine unglaubliche Kraft. Die Alge besteht zu 60 % aus reinen Aminosäuren mit einer sehr hohen Bioverfügbarkeit. Bereits ein Teelöffel davon deckt 120 % des empfohlenen Tagesbedarfs an Eisen und 320 % des täglichen Kalziumbedarfs. Die Alge enthält alle acht Vitamine der Vitamin-B-Gruppe, darunter auch bioaktives Vitamin B12 sowie die Vitamine E und C. Alle essenziellen Fettsäuren finden sich in ihr, darunter sogar die seltenen Omega-3-Fettsäuren ALA, DHA und EPA, von denen man bisher annahm, sie würden nur in Fisch vorkommen. Darüber hinaus besitzt die Alge den bislang höchsten bei einer Pflanze nachgewiesenen Chlorophyllgehalt, ist reich an Enzymen und hat die Fähigkeit, unser Erbgut vor Schädigung zu schützen und tatsächlich Schäden zu reparieren.

Maca

Die Wurzelknolle der in den Anden heimischen Maca-Pflanze hat nicht nur ein ungeheuer intensives Aroma, das an Vanille und Karamell erinnert, sondern sie enthält auch eine Vielzahl an Nähr- und Vitalstoffen. Der peruanische Ginseng, wie die Maca-Knolle oft genannt wird, hat einen hohen Protein- und Mineralstoffgehalt. Er besitzt zudem hormonelle Eigenschaften, die positiv auf die Geschlechtsorgane beider Geschlechter wirken. Bei Frauen kann Maca die Menstruation regulieren. Für die Inkas war es nicht nur ein Allheilmittel, sie verwendeten es auch zur Leistungssteigerung bei körperlicher Anstrengung oder gesteigerter sexueller Aktivität. Der Knolle wird nachgesagt, positiv auf den Testosteronhaushalt zu wirken und somit bei Erektionsstörungen zu helfen.

Carob

Seit über 5000 Jahren wird die Frucht des Carobbaumes als Lebensmittel verwendet. Carob hat einen hohen Kalziumgehalt und ist reich an Eisen und weiteren Mineralien und Spurenelementen. Wegen seines Geschmacks kann man Carob-Pulver hervorragend als Kakaoersatz verwenden.

Kamut-Weizengras

Die Wildform unseres heutigen Hybridweizens war bereits vor Tausenden von Jahren im alten Ägypten als Lebensmittel sehr beliebt. Kamutgras ist bekömmlicher als Weizengras, außerdem glutenfrei und besonders nährstoffreich. Es enthält neben Vitamin B12 wertvolles Chlorophyll, Protein und Vitamin K.

Heidel- / Blaubeere

Der blaue Farbstoff dieser leckeren Beeren ist verantwortlich für ihre hohe antioxidative Wirkung. Die Beeren fördern außerdem die Bildung der Magenschleimhaut und schützen sie.

Schisandra-Beere

Die Schisandra-Beere, auch Frucht der fünf Elemente genannt, ist fester Bestandteil der traditionellen chinesischen Medizin. Die Beeren haben eine vitalisierende Wirkung und stärken das Immunsystem.

Goji-Beere

In Asien dienen Goji-Beeren als Heilmittel für ein langes Leben. Diese kleinen Beeren sind reich an Antioxidantien und gelten in ihrer Heimat als Frucht der Unsterblichkeit. Außerdem haben sie zellschützende Eigenschaften und enthalten alle acht essenziellen Aminosäuren. Die Goji-Beere erhöht nachweislich die Sehkraft und allgemein die Lebensqualität. Außerdem sorgt sie für eine bessere Konzentrationsfähigkeit und einen ausgeglichenen Schlaf.

Mango Lemon Booster

↳ für ca. 500 ml

ZUTATEN:

2 frische oder tiefgefrorene Mangos
(ca. 300 g reines Fruchtfleisch)
2 Medjool-Datteln
2 TL Limettensaft
1 Teelöffelspitze
frische Limettenschale
300 ml Wasser

Frische Mangos schälen und das Fleisch vom Kern trennen, tiefgefrorene Mangos auftauen. Datteln entsteinen und alles zusammen mit den restlichen Zutaten im Mixer bei hoher Geschwindigkeit zu einem cremigen Shake verarbeiten.

Strawberry Açaí Refresher

↳ für ca. 500 ml

ZUTATEN:

250 g Erdbeeren,
tiefgefroren oder frisch
2 TL Açaí-Pulver
2 Medjool-Datteln
300 ml Wasser
¼ TL Vanillepulver
½ TL Pfefferminze, getrocknet

Tiefgekühlte Erdbeeren auftauen, frische Erdbeeren vom Grün befreien, Medjool-Datteln entkernen. Zusammen mit den restlichen Zutaten im Mixer bei hoher Geschwindigkeit mixen.

Goji-Shake Quell der Jugend

↳ für ca. 500 ml

ZUTATEN:

2 Bananen (mit Schale ca. 400 g)
1 Papaya „Solo" (ca. 350 g)
20 g getrocknete Goji-Beeren
300 ml Wasser

Papaya schälen, von den Kernen befreien und zusammen mit den restlichen Zutaten im Mixer zu einem cremigen Shake verarbeiten.

Pineapple Hero

↳ für ca. 500 ml

ZUTATEN:

3 Kiwis (ca. 240 g)
200 g Ananas
1 Teelöffelspitze Vanillepulver
2 getrocknete Feigen
1 EL Agavendicksaft

Kiwis und Ananas schälen, klein schneiden und zusammen mit den restlichen Zutaten im Mixer zu einem cremigen Shake verarbeiten.

Raw Caipi

↳ für 2 Cocktails

Zutaten:

Kokoswasser einer jungen
Kokosnuss (ca. 300 ml)
1 Limette
8 TL Kokosblütenzucker
Eiswürfel
1 Caipirinha-Stößel

Pro Glas braucht man eine halbe Limette, 4 TL Kokosblütenzucker, ca. 150 ml Kokoswasser und Eiswürfel nach Belieben.

Limette halbieren und die Hälften vierteln. Zuerst einige Eiswürfel, danach den Kokosblütenzucker in das Glas füllen und darauf die Limettenstücke geben. Anschließend mit dem Stößel die Limetten in das Eis drücken, so dass sie entsaftet werden. Jetzt noch eine Lage Eis darüber verteilen und das Glas mit Kokoswasser auffüllen. Frisch genießen.

Tropical Melon

↳ für 2 Cocktails

Zutaten:

1 kleine Wassermelone (ca. 1 kg)
2 Galia- oder Honigmelonen (ca. 1 kg)

Beide Melonen entsaften. Den Saft zusammengießen und in einem Shaker gut vermischen, anschließend servieren.

Vital Orange

↳ für ca. 500 ml

ZUTATEN:

6 Tomaten (ca. 500 g)
2 Orangen (ca. 500 g)
15 g getrocknete Goji-Beeren
2 EL Agavendicksaft
Frischer Ingwer nach Belieben

Orangen mit dem Messer schälen und zusammen mit den Tomaten entsaften. Den Saft zusammen mit den Goji-Beeren, dem Ingwer und dem Agavendicksaft im Mixer bei hoher Geschwindigkeit pürieren, bis die Beeren sich aufgelöst haben.

Piña Colada

↳ für ca. 500 ml

ZUTATEN:

1 junge Kokosnuss
200 g Ananas
¼ TL Vanillepulver

Kokosnuss öffnen, Kokoswasser auffangen, Fruchtfleisch ablösen und gegebenenfalls von anhaftenden Schalenresten befreien. Ananas schälen, in kleinere Stücke teilen und zusammen mit dem Kokosfleisch, dem Kokoswasser und der Vanille im Mixer zu einem cremigen Cocktail verarbeiten.

Bezugsquellen

Küchengeräte

www.amazon.de
(Brownie Form aus Silikon und Pralinenformen: Birkmann; Spiralschneider, Spirali: Lurch; Spiralschneider Spirelli: Gefu; Zerkleinerer: Moulinex A 320)

www.keimling.de
(Dörrgerät: Excalibur; Mixer: Vitamix)

www.perfektegesundheit.de
(Entsafter: Kuvings Silent Juicer)

www.boerner-germany.de
(Obst- und Gemüsehobel: Börner V-Hobel V6)

Lebensmittel

www.vitakeim.de; www.perlamande.com
(Haselnussmus)

www.keimling.de
(Agavendicksaft; Apfeldicksaft; Soyana)

www.pureraw.de
(Keimlinge; Carob-Pulver; Chiasamen: Govinda; Chlorella-Pulver; Erdmandeln; Joghurtferment-Kulturen; Kakao; Kakaobutter; Kokosmus, Kokosöl, Kokosraspeln: Dr. Goerg; Lila Maismehl; Maca-Pulver; weißes Mandelmus, weiße Tahini-Paste: Carley's Organic; Nüsse und Samen)

Bio-/Naturkostladen oder Reformhaus
(Keimlinge; Gewürze, Gewürzmühle Brecht; Hefeflocken, Erntesegen; Senf, Zwergenwiese; Soto; Wasser, Lauretana)

Natural Cool (Tiefkühlbeeren)

www.pureplanet.de
(Gerstengrassaft-; Kamut-Weizengrassaft-Pulver)

www.soyana.de/eshop
(weißes Mandelpüree und Mandelmus; Nama Tamari)

www.ayia-europe.com (Matcha)

www.orkos.com (Tropenfrüchte)

Die Autoren

www.julialechner.com

www.anton-teichmann.com

Weitere Empfehlungen

www.karl-ess.com
(Sportprogramm mit veganem Fitnesscoaching und Trainingsplänen von Karl Ess)

www.rohspirit.de
(Rohe Bioprodukte aus dem Naturkostladen von Heike Michaelsen)

www.germanygoesraw.de
(Allgemeine Informationen zum Thema Rohkost)

Zum Weiterlesen

Lisa Pfleger:
Vegan regional saisonal.
Einfache Rezepte für jeden Tag.
Ulmer, Stuttgart, 2014

Dr. Christine Volm:
Rohköstliches.
Gesund durchs Leben mit veganer Rohkost und Wildpflanzen.
Ulmer, Stuttgart, 2014

Dr. Christine Volm:
Meine liebsten Wildpflanzen rohköstlich.
Sicher erkennen, vegan genießen.
Ulmer, Stuttgart, 2013

Schnell gefunden

A
Açai 128 148
Agavendicksaft 127
Aminosäuren 51 143
Ananas 27 92 111 151 155
Antioxidantien 6 139
Äpfel 99
Apfeldicksaft 127
Aprikosengelee 36
Aufstriche 36 37 40
Avocado 22 56 68
Avocado schälen 23

B
Banane 67 91 95 100 106 124 136 141 145 151
Bananencurry süß-sauer 67
Bauernsalat 28
Beeren 91 95 100 106 135 141
Berry-Dream-Creme 95
Birnen 131
Brennnessel 145
Broht 35 39
Brownies 117 ff.
Buchweizenknödel mit Schwammerlsoße 84

C
Caipi 152
Carob 106 117 119 f. 124 136 147
Carotinoide 11
Cashew Kerne 83 106 110 113 128
Champignons 21 28 83 84
Chia Samen 135
Chiamilchreis mit Heidelbeerfüllung 135
Chicoree 27
Chili 70
Chlorella 141 147
Chlorophyll 11 143
Cholesterin 8
Cocktails 152 ff.
Coconut-Kiss-Tartes 106 f.
Crespelle con Spinaci 76

D
Datteln 95 145 148
Desserts 126 ff.
Dips 44 47 48 49 83
Dörrgerät 17
Dressing 19 21 28

E
Einweichzeiten Nüsse, Samen 13 14
Eis 136
Eiweiß 50 f.
Energizer 145
Entsafter 17
Enzyme 6 139
Erdbeeren 103 123 128 132 148
Erdmandeln 106 110
Essentielle Fettsäuren 24

F
Falafel mit Gurken-Dill-Salat 73
Feigen 28 36 47 63 145 151
Feigenmarmelade 36
Fett 24 f.
Fettfrei 89
Fladenbroht 39
Freie Radikale 10
Frischkäse 40
Fruchtrollen 124
Fruchtzucker 127

G
Gazpacho 103
Gerstengras Pulver 145
Giersch 145
Goji Beere 147 151 155
Goji-Shake Quell der Jugend 151
Grüne Smoothies 138 ff.

Gurke 73

H
Hanfsamen 84
Haselnussmus 120
Hauptgerichte 52 ff.
Heidelbeeren 100 135 147
Himbeeren 27
Himbeerkonfitüre 36
Honigmelone 152
Horenso Gomaae 65

I
Immunsystem 10 86 143
Insalata mista 21

K
Kakao 124 131
Kakaobutter 119
Kamut-Weizengras 145 147
Karotten 73
Käse 40
Kirschen 123
Kiwis 132 151
Kokos Bacon 51
Kokosblütenzucker 152
Kokos-Maca-Herzen 120
Kokosmus 105 f. 110 118 120 123
Kokosnuss 51 106 113 f. 115 128 131 152 155
Kokosöl 105 f. 113 117 ff. 123
Kräuteröl 25
Kreislauf 86
Kuchen 104 ff.
Küchengeräte 16
Kürbiskerne 84

L
Lauch 59
Leinsamen 78 84
Löwenzahn 28 100 145

M
Maca 91 117 120 147
Macadamia Kerne 60 83
Mais 43 70
Maismehl, lila 92
Mandarinen 110
Mandeln 78 106 117 ff.
Mango 92 96 124 131 f. 145 148
Mangold 65
Mango-Lemon-Booster 148
Matcha 118
Mixer 16
Mousse au Chocolat mit Birnen an Mangosoße 131

N
Nachos 43
Nahrungsmittel 10
Nativ 25
Nativ Extra 25
Nori 68
Nougatkonfekt 120
Nüsse 12 ff.

O
Obstsalat 132
Öl 24 f.
Omega 3 24
Omega 6 24
Orangen 99 155

P
Panna-Coco-Creme 128
Papaya 22 132 151
Papaya mexicanos 22
Paprika 63
Pasta 47 59
Pastinaken 67 f.
Pesto 47 ff.
Pflaumen, getrocknete 119
Piña Colada 155
Pinienkerne 60 75
Pineapple Hero 151
Pralinen 120 ff.
Protein 50 f.

Q
Quiche aux legumes 78
Quiche 92

R
Ratatouille 81
Rawioli-Ecken mit Steinpilzfüllung 60
Rhabarber 27
Rohgurette 123
Rohkost to go 32
Rote Bete 60
Rucola 28 63 145

S
Salate 18 ff.
Salsa 44
Salz 30 f.
Samen 12 ff.
Sauerkraut 68
Schisandra Beere 147
Schokocreme 37 124
Sekundäre Pflanzenstoffe 6 10
Senf 28
Smoothies 138 ff.
Sojasoße 31
Sole 31
Sommersalat 27
Sonnenblumenkerne 75 83 f.
Spinat 65 76 141
Spiralschneider 17
Sport 86 f.
Sprossen 14
Steinpilze 60
Stoffwechsel 86
Strawberry Açai Refresher 148
Superfoods 146 f.
Suppen 54 56
Sushi Maki 68
Sweet Chili-Dip 44

T
Tagliatelle Carbonara 59
Tamarisoße 31
Thai-Frühlingsrollen 65
Tirawmisu 113
Tomaten 96 103
Tomaten, gefüllt 75
Tomatensuppe 54
Torten 104 f.

V
Vegan 6 8
Vegane Rohkost und ihre Vorteile 6
V-Hobel 17
Virgin 25
Virgin Extra 25

W
Walnüsse 63
Warme Speisen 53
Wassermelone 152
Weintrauben 141
Wildkräuter 100 143 145

Z
Zitronengras 65 67
Zucchini 56 76 81
Zucchininudeln 59
Zucker 127

BILDQUELLEN

Alle Fotos mit Ausnahme der folgenden stammen von Julia Lechner und Anton Teichmann.

Titelfoto: successo images - Shutterstock.com

Michaela Mayländer: 9, 22, 32, 103 (Schnittlauch), 52 (Erbsenschote, Paprika), 54, 63, 68, 84, 96, 109, 119, 131 (Faden), 81 (Paprika oben), 88, 95, 126, 135, 136 (Heidelbeeren)

Shutterstock: 18 (Avocado, Romasalat), 21 (Karotte), 22 (Avocado), 30, 32 (Karotte), Petersilie), 36 (Aprikose), 39 (Bärlauch, Rosmarin), 40 (Petersilie), 44 (Chili, Karotte), 47, 48 (Zitrone, Basilikum), 49 (Petersilie), 52 (Erbsenschote, Macadamia), 54 (Basilikum), 59 (Lauch), 60 (Macadamia), 68 (Avocado), 70, 75 (Basilikum, Karotten), 76, 88 (Birne), 91, 92 (Ananas), 96 (Mango, Basilikum), 99 (Orange), 100 (Bananen, Heidelbeeren), 104 (Kirschen, Mandeln, Kokosnuss), 106, 109 (Kokosnuss), 118/119 (Mandeln), 120 (Kokosnuss), 123 (Kirschen), 124, 126 (Banane) 128 (Kokosnuss), 131 (Mango), 136 (Bananen), 138 (Ananas, Petersilie), 141 (Birne), 145 (Petersilie), 143, 148 (Minze), 151 (Ananas), 155 (Ananas)

Alle Hintergründe (Stoffe) stammen von Michaela Mayländer.

Die in diesem Buch enthaltenen Empfehlungen und Angaben sind von den Autoren mit größter Sorgfalt zusammengestellt und geprüft worden. Eine Garantie für die Richtigkeit der Angaben kann aber nicht gegeben werden. Autoren und Verlag übernehmen keine Haftung für Schäden und Unfälle. Bitte setzen Sie bei der Anwendung der in diesem Buch enthaltenen Empfehlungen Ihr persönliches Urteilsvermögen ein. Der Verlag Eugen Ulmer ist nicht verantwortlich für die Inhalte der im Buch genannten Websites.

Bibliografische Information der Deutschen Nationalbibliothek
Die Deutsche Nationalbibliothek verzeichnet diese Publikation in der Deutschen Nationalbibliografie; detaillierte bibliografische Daten sind im Internet über http://dnb.d-nb.de abrufbar. Das Werk einschließlich aller seiner Teile ist urheberrechtlich geschützt. Jede Verwertung außerhalb der engen Grenzen des Urheberrechtsgesetzes ist ohne Zustimmung des Verlages unzulässig und strafbar. Das gilt insbesondere für Vervielfältigungen, Übersetzungen, Mikroverfilmungen und die Einspeicherung und Verarbeitung in Elektronischen Systemen.

© 2014 Eugen Ulmer KG
Wollgrasweg 41,
70599 Stuttgart (Hohenheim)
E-Mail: info@ulmer.de
Internet: www.ulmer.de
Lektorat: Ulf Müller, Antje Munk
Umschlagentwurf, Layoutkonzept und Umbruch: Michaela Mayländer, Stuttgart. www.sistermic.de
Reproduktion: timeRay Visualisierungen, Herrenberg.
Druck und Bindung: Printer, Trento
Printed in Italy

ISBN 978-3-8001-8264-0

Hier können Sie weiterlesen:

- Leicht verständliches Basiswissen über Rohkost
- Was Sie zur Ernährung mit Wildpflanzen wissen müssen
- Viele Rezeptideen für die vegane Rohkostküche

- Unschlagbar gesunde Kombination: wild, roh und vegan
- Ernte-Tipps und Gourmet-Rezepte für das ganze Jahr
- Über 40 Pflanzen im Porträt mit raffinierten Rezepten

Rohköstliches. Gesund durchs Leben mit veganer Rohkost und Wildpflanzen. Christine Volm. 2., aktualisierte Auflage 2013. 144 Seiten, 50 Farbfotos, Klappenbroschur. ISBN 978-3-8001-7980-0.

Meine liebsten Wildpflanzen - rohköstlich. Sicher erkennen, vegan genießen. Christine Volm. 2013. 144 Seiten, 85 Farbfotos, Klappenbroschur. ISBN 978-3-8001-7853-7.

 **Ganz nah dran.**